바다의
국경
섬을 걷다

바다의 국경 섬을 걷다

2025년 7월 28일 1판 1쇄 인쇄
2025년 8월 8일 1판 1쇄 발행

지은이 　　강제윤
펴낸이 　　한기호
책임편집 　정안나
편집 　　　도은숙, 유태선, 김현구, 김혜경
마케팅 　　윤수연
디자인·그림 블랙페퍼디자인
경영지원 　국순근
펴낸곳 　　어른의시간
　　　　　　출판등록 2014년 12월 11일 제2014-000331호
　　　　　　주소 04029 서울시 마포구 동교로 12안길 14(서교동) 삼성빌딩 A동 2층
　　　　　　전화 02-336-5675 팩스 02-337-5347
　　　　　　이메일 kpm@kpm21.co.kr
　　　　　　홈페이지 www.kpm21.co.kr

ISBN 979-11-87438-32-8 (03810)

- 어른의시간은 한국출판마케팅연구소의 임프린트입니다.
- 잘못된 책은 구매처에서 교환해드립니다.
- 책값은 뒤표지에 있습니다.

당산나무에서
둘레길까지,
한국 섬 인문 기행

강제윤 글·사진

바다의
국경
섬을 걷다

어른의시간

여는 글

한국은 섬나라다

잊혀진 섬 이야기를 찾아서

서해 바다 어느 섬에 '서해왕西海王'이 살았다! 그것도 불과 100여 년 전 일제강점기 때 일이다. 서해왕은 '용왕'이나 '아기장수'처럼 설화 속 존재가 아니라 실존 인물이었다. 서해왕이 살던 섬은 신안의 태이도다. 태이도는 '타리 섬'이라고도 하는데 타리 어장은 조선 최고의 민어 어장이었고 해마다 여름이면 수백, 수천 척의 어선과 상선이 몰려들어 파시가 섰다. 파시는 파도 위의 시장, 성어기에 열리던 해상 시장이다. 일본 어부들이 목포는 몰라도 타리 섬은 안다고 할 정도로 타리 파시는 유명했다.

1928년 〈동아일보〉는 서해왕인 정택근 씨가 태이도에 사는데 '무관의 제왕'이라고도 칭한다고 보도했다. 서해안에서 나오는 수산물은 그의 손을 거치지 않으면 거래가 이루어지지 못했다. 서해안 최고의 수산물 유통 상인이었다. 임자도 일대의 섬 10여 곳이 모두 그의 소유였다. 그야말로 서해의 왕이라 칭할 만했다. 원불교 창시자인 소태산 박중빈 대종사도 타리 파시에서 한철 장사를 해 아버지가 남긴 빚을 모두 청산했다고 전해질 정도로 융성했던 섬의 시대. 이미 오래전에 타리 파시는 끝났고 타리 섬은 무인도가 되었다. 나그네는 타리 섬의 우거진 수풀 속에 묻혔던 서해왕 이야기를 채굴했다.

빼앗긴 땅을 되찾기 위해 농민항쟁을 지속해 승리한 섬도 있다. 대한민국 15대 대통령 김대중의 고향 하의도와 상태도, 하태도다. 세 섬의 농민들은 1623년 조선 선조 임금의 딸 정명공주 가문에게 빼앗긴 땅을 되찾기 위해 333년 동안이나 중단 없이 저항했다. 조선시대부터 일제강점기, 미군정시대를 거치는 동안 각종 소송(경종 3년 한성부 소송, 영조 6년 사헌부 소송)과 소작료불납운동 등 다양한 방법으로 싸워 대한민국 정부 수립 직후 땅을 되찾았다. 3세기 동안이나 지속된 농민항쟁이 어느 나라에 또 있을까. 세계사에 빛나는 불멸의 섬들이다.

조선 태종 8년(1408) 2월, 암태도 주민 20명은 노략질하러 온 왜구 해적선 9척과 싸워 이겼다. 『조선왕조실록』에 그 이야기가 전한다. 왜선 9척이면 소선이더라도 100여 명이 타고 있었을 것이다. 중선이나 대선이 포함되었다면 수백 명이다. 소금 굽는 인부인 염간 20명이

중무장한 왜구 수백 명과 싸워 이겼다는 사실은 상상조차 쉽지 않다. 어찌 가능했을까. 전투 장소가 섬이었기 때문이 아니었을까. 육지에서는 왜구가 침략하면 도망치거나 군사들이 막아주었다. 군사들이 있으니 주민들이 자강自强할 이유가 없었다. 하지만 섬에서는 지켜줄 군사도 없고 도망갈 곳도 없었다. 피할 수 없으니 죽기 살기로 싸울 수밖에 없었다. 그래서 소금 굽는 틈틈이 스스로를 지키기 위해 단련했을 것이다. 암태도 사람들의 전투력이 막강했던 이유다. 강력한 전사가 된 섬사람 20명이 불퇴전의 용기로 싸웠으니 왜구 수백 명도 물리칠 수 있었을 것이다. 고려시대 말 압해도 사람들이 몽골군 전함 70여 척을 물리쳤던 것도 같은 맥락이다. 암태도 사람 20명은 영화 〈300〉(2007)의 스파르타인 300명보다 더 강력한 전사들이었다.

북방한계선 안의 섬, 볼음도에는 이산가족으로 천 년을 살아온 은행나무가 있다. 천연기념물 제304호 볼음도 은행나무. 나무는 원래 북녘땅에 있었다. 고려시대, 지금의 황해도 연안군 호남리 호남중학교 운동장 자리에 암수 두 그루의 은행나무 부부가 살았다. 어느 여름 홍수에 남편 나무가 뿌리 뽑혀 볼음도 바다로 떠내려온 것을 주민들이 건져내 다시 심었다. 볼음도에서 연안까지는 불과 8킬로미터. 볼음도 주민들은 호남리 주민들에게 연락해 나무가 호남리에서 떠내려왔음을 확인했다. 그래서 매년 정월 풍어제를 지낼 때면 볼음도와 호남리 어부들은 같은 날짜에 생일상을 차렸다. 그렇게 헤어진 은행나무 부부의 슬픔을 달래주었다. 하지만 천 년 가까이 이어져오던 은행나무 생일상 차리기는 한국전쟁으로 남과 북이 갈리면서 중단되었다. 최근 북한의 천연기념물 목록을 확인한 결과, 호남리의 아내 은행나무도 여전히 살아서 천연기념물 제165호로 보호받고 있었다. 인간의 짧은 생애로는 짐작조차 할 수 없는 천 년의 이별이란 대체 어떤 이별일까.

생일도에는 세계 멸망을 예언한 샘이 있고, 주민들이 '하느님 할아버지'로 추앙하던 신령한 노인과 섬의 수호신 '마방 할머니' 등 신비한 이야기가 가득하다. 그야말로 신화의 섬이다. 자은도의 와우마을 사람들은 가뭄이 계속되면 비를 내려달라고 기우제를 지냈는데, 가만히 하늘의 처분만 기다리지 않았다. 제단에 나뭇단을 올려놓고 불을 피워 뜨거운 불로 하느님의 똥구멍을 지졌다. 그러면 협박을 받은 하느님은 슬그머니 비를 내려주고는 했다. 우리의 섬들은 한미한 낙도가 아니었다. 섬은 강력한 해상왕국이었고 신화의 땅이었다. 이런 섬들의 서사를 기억하는 이가 몇이나 될까. 잊혀진 섬의 이야기를 복원하기 위해 나그네는 20여 년간 섬을 떠돌았고, 이 책은 그 기록의 일부이다.

섬은 국경이고, 섬 주민은 국경의 파수꾼이다

일본의 섬 수가 순식간에 2배 넘게 증가했다. 그동안 일본 정부가 발표한 섬은 6,852개였다. 그런데 2023년 일본의 섬은 14,125개로 급증했다. 섬이 갑자기 솟아난 것도 아닐 텐데 어떻게 7,273개나 증가한 것일까, 마법이라도 부린 것일까. 일본은 전수 조사로 아주 작은 섬까지 포함하면 10만 개 이상의 새로운 섬을 발견했는데, 바깥 둘레가 100미터 이상인 섬만을 정식 섬으로 등록했다 한다. 그럼에도 섬은 2배 이상 증가했다. 무도하게도 일본은 14,125개에 독도를 포함시켰다. 그러니 우리 섬 독도를 빼면 일본의 공식적인 섬 수는 14,124개다.

일본이 갑작스럽게 지도 밖의 섬까지 찾아내 자국의 영토로 포함시킨 것은 해상 영토의 가치를 증대시키기 위한 일이다. 하지만 우리의 섬은 정부 차원의 일관된 통계가 없다. 2025년 현재 유인도를 관할하는 행정안전부의 통계에 의하면 그 수는 481개다. 무인도를 관할하는 해양수산부의 통계에 의하면 그 수는 2,918개다. 둘을 합하면 3,399개지만 이 통계가 우리 섬의 정확한 수라 하기는 어렵다. 주민등록 상황에 따라 유인도의 수는 수시로 변하는데, 무인도는 10년에 1번씩만 정례 조사를 하기 때문이다. 게다가 미등록 섬도 많다. 한국해양수산개발원의 최지연 박사는 전자해도와 위성영상의 비교, 분석을 통해 우리 바다에 1만 2천여 개의 섬이 있음을 밝히기도 했다. 정부 부처의 통계보다 3배 이상 많은 수다. 그 많은 섬을 더 이상 지도 밖에 버려둬서는 안 된다. 일본만 섬나라가 아니다, 한국도 섬나라다!

무인도 따위가 뭐 그리 중요한가 싶겠지만 무척 중요하다. 2014년 중국이 민간자본을 앞세워 우리의 무인도 하나를 매입하려 했다. 태안군 격렬비열도는 동·서·북 3개의 섬으로 이루어졌는데, 그중 중국과 가장 가까운 무인도인 서격렬비도가 매물로 나왔었다. 우리나라 사람도 잘 모르는 서해의 외딴섬이 매물로 나온 사실을 중국이 어찌 알았을까 생각하면 모골이 송연해진다. 다행히 가격 협상이 결렬되어 서격렬비도는 팔리지 않았고, 이를 뒤늦게 알게 된 정부가 서격렬비도를 포함한 8개의 무인도를 '외국인 토지거래 허가구역'으로 지정하며 한숨을 돌렸다. 서격렬비도가 중국인 손에 넘어갔다면 어찌 되었을까. 독도 못지않은 영토 분쟁의 씨앗이 되고도 남았을 것이다. 지금도 틈만 나면 대한민국 영해를 무단으로 넘나드는 중국 어선들이 중국인 소유의 섬이 된 서격렬비도를 제집 안방처럼 드나들며 국가 간 분쟁을 키웠을 것이다. 무인도 하나도 중요한 것은 그 때문이다.

대한민국의 해상 영토는 육상 영토보다 4.4배나 큰데 그 시작점인 영해 기점 23곳 중 20곳이 섬에 있다. 이 섬들로 인해 우리나라는 영해와 배타적경제수역과 대륙붕 안의 어족자원, 지하자원 등을 가질 수 있다. 그러므로 섬 통계를 바로 세우는 것은 우리 해양 영토의 가치를 확장시키는 일이다. 나그네는 한국섬진흥원 첫 이사회에서 섬 통계 재조사를 안건으로 채택했다. 그 결과 최근 정부 차원의 섬 통계 재조사가 결정됐다. 천만다행이다. 조사가 완료되면 정부 차원의 공식적인 섬 통계가 나올 것이다.

실상 모든 섬이 해상 영토 한가운데에 있다. 육지의 국경선은 휴

전선이지만 바다의 국경선은 섬들이다. 독도와 서해5도만이 아니다. 동·서·남해 대부분의 섬이 북한과 일본, 중국, 공해상의 국경과 인접해 있다. 섬들은 해상 영토상의 국경이고 섬 주민들은 국경의 파수꾼이다. 그동안 우리는 해상 영토와 국경을 지키는 섬에 너무 무심했다. 이제는 그에 합당한 예우를 해주어야 할 때다.

섬에는 우리가 꿈꾸는 세상이 있다

"우리 집 땀 보듬고 가씨오." 어느 봄, 매화도 대동마을 할머니에게 마을의 원로 어르신 댁을 물었더니 돌아온 답이다. '땀'은 '담'이다. 자신의 집 돌담을 돌아가라는 말씀을 그리도 정답게 하셨다. 그냥 돌아가라고 하면 정 없을까 봐 보듬고 가라 하신 거다. 보듬고 가니 처음 본 돌담인데, 처음 본 마을 안길인데 바로 정이 들었다. 보듬고 가는데 어찌 정이 들지 않을 수 있으랴.

섬에서는 늘 정답고 따뜻하고 배가 불렀다. 신안 당사도에서도 따뜻한 환대를 받았다. 길을 가다가 당숲이 어디인지 물었는데 섬의 어머니는 대답보다 먼저 나그네의 끼니 걱정을 하셨다. "밥은 자셨소?" 마침 대파 뽑는 날이라 품앗이하는 이웃들의 밥상을 차리고 있으니 한술 뜨고 가라 하셨다. 돈 주고도 사 먹을 수 없는 귀한 밥상을 받고 다시 길을 나서며 고맙다는 인사를 드리니 돌아오는 말씀. "어치코 굶겠소, 사람 산 디서." 사람 사는 세상에서 어찌 사람을 굶길 수 있겠느냐는 자비의 말씀이었다.

    흑산도 예리마을 파시 골목에서는 출입문을 활짝 열어놓고 식사 중이던 허보배 할머니의 초대를 받았다. "나는 아무라도 우리 집에 와서 밥 묵고 가면 좋다니깐." 나그네도 숟가락 하나 들고 얼른 자리 잡았다. 그렇게 섬에는 우리가 꿈꾸는 세상이 있었다, 잃어버린 고향이 있었다, 공동체성이 있었다. 그러한 섬의 환대와 돌봄으로 이 책이 나왔다. 국경을 지키며 살아온 소중한 섬사람들에게 경배드린다.

    나그네가 지치지 않고 20년 넘게 섬을 조사, 연구하고 수많은 섬의 가치를 지켜내고 섬 주민 기본권 신장을 위해 일할 수 있었던 것은 함께해준 길동무들 덕분이다. 이 책도 그 덕에 세상에 나올 수 있었다. 사단법인 섬연구소 박재일 이사장과 청도 호거산의 진광 스님, 김종우·나기철·장석·김호일·김형열 선배, 정도영·이주빈·류승룡·정태균·정태욱·윤승철 후배에게도 특별한 감사를 전한다. 어려운 출판 상황에서 더더욱 인기 없는 '섬'이라는 분야의 책을 기꺼이 출판해준 한기호 소장에게도 고마운 마음을 전한다.

2025년 여름 강제윤 합장

차례

여는 글 | 한국은 섬나라다 5

1부
섬에는 나무가 있다

땀 보듬고 가씨오 신안 매화도 17

스파르타 '300'보다 강력했던 암태도 '20'
신안 암태도 25

예언의 샘과 여신의 섬 완도 생일도 33

돈으로 딱지를 접고 놀던 돈 섬 신안 만재도 43

남북으로 헤어져 사는 은행나무 부부 강화 볼음도 52

하느님 똥구멍도 지져버린 섬사람들 신안 자은도 61

관우를 신으로 모시는 섬 여수 대횡간도 71

사격 세계 2위가 된 소녀의 고향 섬 신안 당사도 80

2부
섬에는 길이 있다

도둑, 거지, 기와집이 없던 3무의 섬 태안 안면도 91

걷기 천국 울릉도 울릉도 102

통영은 경상도가 아니었다 통영 미륵도 116

서해의 에너지 자립 섬 홍성 죽도 127

내 가슴 태우는 불은 물로도 못 끄고 완도 신지도 136

고양이 머리 마을 지나 꽃머리산으로 여수 화태도 145

팽나무 가로수길 지나 항일의 땅으로
신안 도초도 156

3부

섬에는
사람이 있다

여자, 여자, 온통 여자뿐인 섬 여수 여자도   165

허기진 날에는 고파도로 가자 서산 고파도   174

저 까마귀는 누구 데려가려고 우나 완도 대모도   183

팥죽 한 그릇 먹고 가 여수 송도   193

고통의 바다를 떠가는 자비의 배 여수 돌산도   204

고종 황제보다 먼저 샴페인을 맛본 섬사람
신안 비금도   215

달 뜨는 밤이면 호수의 섬으로 오라 여수 월호도   225

전에 산 기 하도 억울해 쪼까 더 살면 싶다
사천 신수도   233

귀찮아라! 이 잘난 섬에 뭐 볼 거 있다고 왔노
거제 화도   242

4부

섬에는
역사가 있다

삶의 터전인 동시에 감옥이었던 섬 남해 노도   251

333년 세계 최장 농민항쟁에 승리한 불멸의 섬
신안 하의도   268

서해왕이 살던 전설의 섬 신안 태이도   274

철마 타고 온 사도세자를 신으로 모시는 섬
신안 수도   284

대영제국도 탐낸 섬들의 고향 진도 대마도   291

북파공작원 훈련소가 있던 섬 인천 실미도   301

나폴레옹 군대와 맞서 승리한 섬 강화도   309

1부

섬에는 나무가 있다

땀 보듬고 가씨오
신안 매화도

섬의 최고령 어르신 은행나무

대동마을에는 매화도의 최고령 어르신이 산다. 500살 자신 은행나무다. 둘레도 5미터 10센티미터나 되는 거목이다. 은행나무 어르신은 대동마을 경로당 앞에 서 계신다. 경로당 노인들도 은행나무 앞에 서는 어린아이다. 나무에 깃든 이야기를 듣기 위해 수소문하니 아주머니 한 분이 뒷집의 서유석 어르신을 찾아가라면서 툭 던지는 말씀이 가슴을 울린다.

"우리 집 땀 보듬고 가씨오. 땀 보듬고 가면 집이 있어라우." 자신의 집 돌담을 돌아가면 원로 어르신의 집이 있다는 말씀이다. '돌담을 돌아가라' 하면 정 없을까 봐 돌담을 보듬고 가라는 거다. 돌담을 보듬고 가니 처음 본 돌담인데, 처음 본 마을 안길인데 벌써 정이 든다. 보듬고 가는데 어찌 정이 들지 않으리. 아! 매화도는 섬 이름처럼 말씀도 참 이쁘다. "땀 보듬고 가씨오."

땀 보듬고 가서 말씀을 듣고 다시 땀 보듬고 나오니 은행나무 어르신 앞이다. 은행나무 어르신도 얼른 한번 보듬어드렸다. 대동마을 은행나무는 당산목이다. 마을의 신목神木. 마을 뒤 매화산에는 윗당이 있고 은행나무는 아랫당이다. 윗당의 할아버지 나무는 상수리나무고 은행나무는 할머니 나무다.

"욱(위)에서 모시고 새벽녘에 제물 나눠 먹고 파제해서 또 제물 나눠 먹고 이장도 선출하고 그랬어." 예전에는 은행나무 옆에 목조로 지은 마을회관이 있었다. 은행나무도 지금보다 훨씬 크고 우람했다. "은행나무가 겁나게 컸소. 가운데 가지가 부러져서 작아졌지." 나무는 일제강점기 때 큰 바람에 가지가 부러지면서 키가 줄었다. 아이들이 나무에 올라 매달려 놀면 어른들이 말렸다. 그래도 아이들은 은행나무가 놀이터였다. 은행나무에는 은행도 많이 열린다.

지금은 사라졌지만, 예전에 매화도 은행나무 아래는 '들돌'이 있었다. 들돌은 붉은색으로 주로 마을 앞 당산나무 아래에 놓여 있었다. 들돌은 본래 체력 단련을 위해 들었다 놓았다 하는 돌인데 장성한 농촌 청년들이 농부로서의 역량을 인정받는 의례에도 쓰였다. 들돌을 드는 것을 보고 일꾼으로서 역량이 평가되고 품삯이 정해졌다. 1인력人力

들돌을 넘기면 어른의 품삯을 받았고, 2인력 들돌을 넘기면 '장사'라고 했다. 3인력은 '머리나이'라 해서 곱절의 품삯을 받았는데, 풍물 판의 기수로도 선발되었다.

들돌은 정월대보름, 유두, 칠석, 백중, 추석 등의 명절 때 물 박치기, 허리에 올리기, 가슴팍 올리기, 등 넘기기, 가슴에 품고 당집 돌기, 어깨에 메고 당나무 돌기, 머리 위로 치켜올리기 등의 방법으로 힘 자랑에도 사용되었다.

매화도의 들돌은 옛날 마을 어르신들이 장군봉에서 가져다 놓았다고 전해진다. 마을의 풍요와 안녕을 비는 제사인 당제堂祭를 지낸 후 온 마을 사람이 들돌을 들었다고 한다. 특히 어부나 뱃일하는 사람들은 마을을 출입할 때마다 들고는 했다.

매화꽃처럼 피어난 섬

매화도는 매화꽃이 핀 형상이라 해서 '매화섬' 혹은 '모양도'라 부르다가 '매화도梅花島'가 되었다고 전한다. 매화가 많아서가 아니라 매화꽃을 닮았다 해서 매화도라니! 이토록 아름다운 섬 이름이 또 있을까. 섬들이 이름을 가지게 된 유래는 여러 갈래다. 섬의 생김새에 따라 이름이 붙여진 경우도 많다. 서산 웅도는 곰을 닮아서, 제주 우도와 통영 우도, 고흥 우도는 모두 웅크린 소 모양이라 해서 우도다. 여우를 닮았다 해서 '여우 호狐' 자를 쓰는 섬도 있다, 보령 호도다.

꽃을 닮았다 해서 '화도'라는 이름을 얻은 섬도 여럿이다. 여수의 상화도와 하화도, 고흥의 상화도와 하화도가 모두 꽃섬이다. 하지만 매화도처럼 특정한 꽃 모양을 닮아서 이름이 지어진 경우는 드물다. 물론 처음부터 매화를 닮아서 지금의 이름이 되었는지는 확실하지 않다. 그래도 본래 '매화섬', '모양섬'이라 부르다 매화도라 했다니 매화와 연관이 깊은 것만은 분명하다. 매화도에는 대동, 학동, 청석, 산두 등의 자연부락이 있다. 매화도 주변에는 대기점도, 소기점도, 소악도, 마산도, 당사도 등의 섬이 있다. 섬의 한가운데에는 섬의 최고봉인 매화산(높이 238미터)이 있다.

대동마을은 1610년 전주이씨 이하춘이 함평에서 봇짐 장사를 하다 이곳에 들어와 정착하게 되면서 생겨났다고 전한다. 매화도에서 가장 큰 마을이라 하여 '대동'이라는 이름을 얻었다. 학동마을은 1650년경 탐진최씨 최정용이 압해도 원복룡마을에서 농토를 경작하기 위해 입도하였다고 전해진다. 학이 알을 품고 있는 형상이라 하여 '학동'이라 부르게 되었다. 청석마을은 숙종 36년(1710)에 함평에서 살던 밀양박씨 박계천이 가장 먼저 들어왔다. 푸른 돌이 많다 해서 '청석'이라는 이름을 얻었다.

청석마을에는 왕성王城골, 왕성터, 장군봉, 장군산, 장새미 등 고려 태조 왕건과 압해도 출신으로 왕건과 끝까지 맞서 싸웠던 수달 장군

능창과 관련된 여러 지명과 설화가 전해져 온다. 후삼국 통일 시기 압해도와 매화도, 고이도 등 서남해 섬들의 지명은 세력 다툼의 무대였음을 보여준다. 산두마을에는 매화도에 가장 처음 들어온 사람이 정착했다. 1600년경 안동권씨 권일용이 가정불화로 방랑 생활을 하다 들어와 터전을 일군 것으로 전해진다. 장군봉에서 내려온 산줄기의 머리 부분에 마을이 있다 해서 '산두'라는 이름을 얻었다.

항일의 섬 매화도

산두마을에는 마을의 신목으로 모시던 보호수 팽나무가 있다. 아이들에게는 대한민국 지도가 있는 팽나무였다. 나무 모양이 한반도 지도처럼 생겼던 것일까. 아니다, 모양이 지도가 아니다. 섬마을 아이들이 섬을 떠날 수는 없지만 언젠가 가보고 싶은 육지의 도시들, 그 도시로 향하고 싶은 꿈이 나무에 깃들어 있었다. 아이들은 팽나무에 올라가 놀면서 나뭇가지마다 도시의 이름을 붙였다. 맨 아래 가지는 목포, 그 위는 광주, 또 그 위는 대전, 맨 꼭대기 가지는 서울이었다.

아이들은 가지마다 앉아서 "나는 광주에 있고, 너는 서울에 있다"라며 서로 '전화 놀이'도 했다. "여기는 목포인데 서울은 잘 들리냐?" "여기는 대전인데 광주는 잘 들리냐?" 팽나무는 아이들의 꿈이 깃든 지도 나무였다. 팽나무는 에어컨이나 선풍기가 없던 시절 마을의

아이들에게는 한없이 너그러웠던 마을의 신목

피서지였다. 마을에서 팽나무 그늘보다 시원한 곳은 없었다. 나무 아래는 마을 사람들의 놀이터였다. 덕석을 깔아놓고 윷놀이도 했다. 그야말로 팽나무는 마을 공동체의 신당이자 공회당이고 놀이마당이기도 했다.

팽나무는 당산목이기도 했다. 가지 하나라도 꺾으면 바로 급사한다는 이야기가 있어 다들 두려워했다. 하지만 어른들과 달리 아이들은 나무를 두려워하지 않고 놀이터 삼아 놀았다. 마을 뒷산에는 당집이 있는데 앞에는 돌로 만든 제단도 있었다. 당제는 당집과 팽나무 당산목 아래에서 모셨다.

정월대보름 당제 때면 제관 2명이 선출되었는데 한 사람은 제관이고 또 한 사람은 보조 제관이었다. 두 사람은 3일간 같이 먹고 자면서 제를 준비했다. 그동안은 술과 담배도 금지되었다. 날마다 목욕재계하면서 준비했다. 정월대보름이 아니어도 마을에 특별한 일이 있으면 당제를 모시기도 했다. 당제 때면 마을 사람들도 쉽게 먹을 수 없었던 귀한 소고기를 무조건 바쳤다. 제물로는 소고기 외에도 생선과 나물, 떡 등을 준비하고 제관이 막걸리를 직접 빚어서 뜬 청주로 제사술을 준비했다. 그토록 정성스럽게 모시던 당제지만, 이제는 제를 바치는 사람이 없다.

매화도는 작지만 일제강점기 항일 농민항쟁인 소작쟁의가 치열하게 전개되었던 섬이기도 하다. 매화도에는 1924년부터 매화도 노농 공조회와 매화도 소작인 친목회가 결성되어 소작인들이 친일 지주의 수탈에 저항했다. 매화도 소작인 친목회는 1927년 매화도 농민조합으로 발전하였으며, 이들 조합은 1927년 9월부터 지주 서인섭의 악행에 맞서 소작료 인하투쟁과 구속자 석방투쟁까지 벌였지만 결국 경찰에 의해 진압당하고 말았다. 매화도 소작쟁의를 주도한 인물은 서병대, 서병언, 서병은, 서병천 등이다. 매화도 소작쟁의는 실패로 끝났지만 작은 섬에서 일어난 항일운동이었기에 역사적 의의가 크다. 2021년에는 소작쟁의 주도자 서병언과 임백춘이 건국포장建國褒章을 받기도 했다. 얼마나 뜻깊은 섬의 역사인가!

스파르타 '300'보다
강력했던 암태도 '20'

신안 암태도

마을의 울타리, 우실

　내륙에는 집에만 울타리가 있지만 서남해 섬에는 마을에도 울타리가 있다. '우실'이다. 바다 한가운데 외롭게 떠 있는 섬들은 거센 바닷바람과 외부의 침략에 늘 불안했다. 그래서 마을을 지키기 위해 생겨난 문화가 우실이다. 자신의 집을 지키기 위해 울타리를 만들었듯 마을 사람들은 자신의 마을을 지키기 위해 울타리를 만들었다. 우실은 대체로 숲이나 돌담, 토담 등으로 만들어졌는데 실용적 목적뿐만 아니라 신앙적 의미도 함께한다. 강한 바닷바람으로부터 농작물과 가옥을 보호하고 해적이나 왜구의 침략을 피하기 위해 마을의 존재를 은폐하는 동시에 외부로부터 찾아드는 액운도 막겠다는 비보裨補적 의

우실은 외부로부터 침입하는 재앙과 액운을 막기 위해 마을 사람들이 만든 서남해 섬 지역의 신앙물이다.

미도 담아 조성되었다.

　우실은 지역에 따라 '우슬', '우술', '울실', '돌담장', '당산거리', '방풍림', '방조림', '어부림', '노거수림' 등 다양한 이름으로 불린다. 재료에 따라 흙과 돌을 함께 사용한 '토담 우실', 기둥을 박아 만든 '목책 우실', 대나무나 갈대, 짚을 엮어 만든 '파자 우실', 나무를 심어 숲으로 만든 '생우실' 등으로도 불린다.

　익금리는 한창때 암태도에서 가장 큰 마을로 150가구에 천여 명의 주민이 살았는데, 지금은 3분의 1로 줄었다. 익금리의 '익금 우실'은 돌담 우실과 팽나무 생우실이 함께 있다. 돌담 안쪽에 팽나무를 심어 이중으로 우실을 만들었다. 익금 우실의 팽나무는 본래 40여 그루였지만, 대부분 태풍이나 거센 바람에 넘어졌다. 가장 큰 나무도 태풍에 넘어져 고사했다. 지금은 24그루만 남았는데, 그중 4그루는 보호수로 지정되어 보호받고 있다.

　본래의 돌담 우실은 새마을운동 때 허물어졌고 현재의 돌담은 다시 쌓은 것이다. 익금 우실 너머는 북쪽 바다다. 겨울에 마을로 휘몰아쳐 오는 거센 북풍을 막기 위해 돌담을 쌓고 나무를 심어 방풍 역할을 했다. 예전에는 우실 안쪽 마을에 눈이 10센티미터쯤 쌓일 동안 우실 담 아래에는 눈이 50센티미터도 넘게 쌓였다 한다. 이처럼 우실은 추위와 눈보라, 바람을 막아주던 실용적 기능도 했다. 우실을 지나면 해안가에 마늘 밭이 있는데, 이곳은 '우실너머'라 부른다. 그 앞

해안가에는 조그만 몽돌 밭이 있다. 바다 건너 정면으로 보이는 섬은 증도고, 그 옆은 육지 땅 무안이다.

옛날 섬 지역 주택의 돌담은 돌아서 들어오게 쌓은 경우가 많았다. 바람이 집의 정면으로 불어닥치지 못하게 한 것이다. 돌담 우실은 직선형도 있고 갈지자형도 있다. 한쪽 담은 반원으로 만들어 둘러치고, 맞은편 담은 '기역' 자로 꺾어 반원에 집어넣는 형태인 교합형도 있다. 익금 우실도 본래는 민가 담장처럼 두 담장을 서로 겹치게 쌓았다. 그래야 북풍이 두 돌담 틈새로 들어오는 것을 막을 수 있기 때문이다. 그러다 새마을운동 때 직선형이 된 뒤 지금까지 유지하고 있다.

소금 굽는 인부 20명이 수백의 왜구를 물리치다

익금 우실은 마을을 은폐하는 기능도 있었다. 과거 서남해 바다에는 왜구나 해적의 침략이 많았다. 실제로 『조선왕조실록』에도 암태도에 왜구가 침략한 사건이 소상하게 나온다. 조선 태종 8년(1408)에 불과 20여 명의 암태도 주민이 노략질하러 온 왜선 9척과 맞서 싸워 물리쳤다는 기록이 있다. 이들은 염간鹽干(소금막에서 자염煮鹽을 만들던 염부) 김나진과 갈금 등이다.

왜선 9척이 연일 암태도를 도둑질하니, 염간 김나진과 갈금 등이 쳐서

쫓아버렸다. 나진 등 20여 인이 혈전을 벌여 적의 머리 3급級을 베고, 잡혀갔던 사람 2명을 빼앗으니, 적이 곧 물러갔다.

왜선 9척이면 소선이더라도 100명 이상이 탔을 것이다. 중선이나 대선이 포함되었다면 수백 명이다. 고작 20여 명의 섬 주민이 어찌 수백 명의 왜구를 이길 수 있었을까. 아마도 전투 장소가 섬이었기 때문이지 싶다. 육지에서는 왜구가 침략하면 도망치거나 허망하게 당했다. 군사가 있으니 주민들이 자강할 이유도 없었다.

하지만 섬에서는 지켜줄 군사도 없고 도망갈 곳도 없었다. 도망갈 곳이 없으니 죽기 살기로 싸울 수밖에 없었다. 스스로를 지키기 위해 늘 단련했을 테니 암태도 사람들의 전투력 또한 강력했을 것이다. 강력한 섬사람 20여 명이 죽기 살기로 싸웠으니 왜구 수백 명을 물리칠 수 있었을 것이다. 고려시대 말 압해도 사람들이 몽골군 전함 70여 척을 물리쳤던 것처럼. 영화 〈300〉의 스파르타인 300명이 수십만 명의 페르시아 군대와 맞섰던 것처럼.

그래도 대다수 평범한 백성은 왜구와 같은 해적과 맞서 싸우고 싶지 않았을 것이다. 여기에 굳이 나무를 심고 돌담을 쌓아 이중으로 우실을 조성한 것은 마을의 모습을 숨기거나 강력한 요새처럼 보이기 위함이었을 것이다. 그래서 익금 우실 돌담의 본래 모습은 성곽의 옹성과 같은 구조였다. 먼바다에서는 익금 돌담 우실에 출입구가 없는

산책 삼아 걷던 마실길, 모실길, 섬사람의 길

것처럼 보였을 것이다. 팽나무 숲 외곽에 돌담을 쌓은 것 또한 군사들이 지키는 성곽처럼 보이게 만들어 해적이 침범을 포기하도록 하려는 의도였다.

신들의 통로

팽나무 우실 숲은 당산, 당숲 기능도 했다. 익금마을 당산에는 윗당이 있었는데, 우실은 아랫당 역할을 했다. 팽나무는 옛날부터 신목으로 여겨졌다. 익금 우실에 팽나무를 심은 이유이기도 할 터다. 익금 우실은 마을을 수호하는 신들의 거처였다. 본래 익금마을에는 우실이 4곳 있었다. 돌담 우실은 4곳에 모두 있었고 북쪽과 서쪽에는 생우실도 함께 있었다. 우실 4곳은 각각 동·서·남·북문으로 불렸는데, 4개의 우실 문을 합해서 '4대문'이라 했다. 자연부락인 농치를 동문, 생김을 서문, 모루골을 남문, 익금 우실을 북문이라 한다.

4대문은 통로로도 기능했지만 사방에서 들어오는 재앙을 막는 신앙적 기능도 했다. 우실의 문은 마을의 수호신이 산에 있는 상당에서 마을 안에 있는 당숲, 우물, 장승 등의 하당으로 이동하는 통로, 즉 '신의 길'이라 여겨지기도 했다. 우실은 성聖과 속俗의 경계였다. 그래서 우실은 마을에서 초상이 나 상여가 나갈 때 산 자와 죽은 자가 마지막으로 이별하는 공간으로도 기능했다. 겨울에 바람과 추위를 막아주는 우실은 여름에 더위를 물리치는 기능을 한다. 옛날, 여름이면 마을 노인들은 팽나무 숲에서 더위를 식혔다. 오후 3~4시까지 놀다 볕이 약해지면 그때야 집으로 돌아갔다. 냉방 시설이 없던 시절, 피서지였지만, 지금은 경로당이 생겨 피서지 기능은 사라졌다.

익금 우실 숲 보호수는 암태도 모실길 1코스 중간 지점에 있다. 모실길을 걷다 우실에서 쉬고 해변을 거니는 것도 좋을 것이다. 보호수 옆 팽나무 고목 하나는 큰 몸통이 각기 다른 나무처럼 2개의 아름드리로 자라났는데, 두 나무가 서로를 끌어안고 있는 듯 보인다. 얼핏 두 그루가 엉켜 있는 것처럼도 보이지만 한 그루다. 연리목 같다, 사랑 나무. 어쩌면 본래 두 그루였는데 서로를 애타게 그리워하다 하나가 되었을지도 모른다. 그래서 하나이면서 둘이고, 둘이지만 하나인 나무가 되었다. 이제부터 저 팽나무는 사랑 나무다. 익금 우실 숲은 암태도 사랑 나무 숲이다. 서로를 애타게 그리워하다 한 몸이 된 사랑 나무 숲. 이제 우리는 천사대교를 건너 암태도 사랑 나무 숲으로 간다.

예언의 샘과 여신의 섬

완도 생일도

생일도 여신 마방 할머니

세계의 많은 섬이 수호신으로 여신을 숭배한다. 하와이 섬들의 수호신은 화산 분화구에 거처하는 펠레 여신이다. 바다의 거품에서 태어난 비너스는 서풍에 밀려 키프로스 섬으로 갔는데 거기서 계절의 여신들이 옷을 입혀주자 사랑과 미의 신이 되었고 마침내 키프로스 섬의 수호신이 되었다. 진도 바다의 지배자는 '영등 할미' 여신이고 부안 앞바다를 관장하는 신은 '계양 할미' 여신이다. 완도의 섬, 생일도의 수호신 또한 여신이다. 생일도 여신의 이름은 '마방 할머니'다. 마방 할머니가 좌정해 계시는 생일도 서성리 당집은 완도 일대에서도 영험하기로 이름이 높았다. 생일도의 기독교 신자들도 당집 앞에 가면 가슴이 울렁거리고 마방 할머니나 귀신이 나올 것 같은 느낌이 든다고 고백할 정도다.

그래서 생일도에서는 여신인 마방 할머니에 대한 신앙심이 깊다. 생일도는 제주도에서 육지로 말을 보낼 때 말의 기운 회복을 위해 잠시 쉬었다 가는 곳이었는데, 이 말들을 지키던 이가 마방 할머니였다고 전해진다. '마방'은 '마굿간'의 지역 말이다.

조선시대 전기에는 전국 159개 국영 목장에서 4만 필의 말을 키웠다. 목장 터가 뚜렷이 남아 있는 인근의 거금도처럼 많은 섬이 국영 목장이었다. 생일도 또한 국영 목장 중 하나였다. 생일도에도 선조 때 말 목장과 말 목축을 감독하는 관리가 거주했다는 이야기가 전해지는 것이 이를 뒷받침한다. 그렇다면 마방 할머니는 생일도가 말 목장이었을 때부터 생일도와 말들의 수호신이었을 것이다. 마방 할머니는 수백 년이 흐른 지금까지도 생일도의 수호신이다.

서성리 당집에는 수많은 영험담이 전해진다. 그래서 여전히 주민들은 당숲의 나무에 손대는 것을 두려워한다. 썩거나 부러진 나무일지라도 손을 못 댄다. 그래서 정월 여드렛날 당제를 지낼 때 전부 모아서 한꺼번에 태운다. 당집은 늘 잠겨 있다가 당제 때만 문을 연다.

당집에는 철마가 신체神體로 모셔져 있다. 철마는 당집의 주신인 마방 할머니가 타고 다니는 말이다. 과거 당집은 자주 개축해야 했다. 당 주변에 나무가 무성하다 보니 습해서 금방 썩었던 까닭이다. 새 당집은 온 마을 사람이 합심해서 하루 만에 지어야 했다. 그러던 당집이 40년 전 시멘트 집으로 개축된 뒤에는 지금까지 유지되고 있다.

대부분의 섬에서는 당제가 사라졌거나 당의 영향력이 축소되어 형식적으로만 당제를 지내는 경우가 많은데 서성리 당제는 여전히 정성껏 모셔지고 있다. 그것은 당의 주신인 마방 할머니의 영험함과 마방 할머니에 대한 생일도 주민들의 믿음 덕분이다. 이 나라에서 토착신앙이 이처럼 잘 전승되는 경우는 극히 드물다. 그만큼 전통문화로서 가치가 크다. 더구나 섬의 수호신이 여신이라는 점은 그 역사적 의미가 더욱 깊다.

예언의 샘과 하느님 할아버지

생일도는 당집과 마방 할머니 이야기 말고도 섬 곳곳이 신화와 전설의 무대다. 금덩이가 나왔다는 이야기가 전해지는 생일도 금곡리 뒷산에는 예언의 샘이 있다. 지금은 약수터라 부르지만 신비로운 이야기가 깃든 샘이다. 옛날 옛적 어느 해 이 샘 앞에 산신령이 나타나 이 물이 3번 마르면 세상이 멸망할 것이라고 예언했다. 그런데 샘은 일본 제국주의가 조선을 강점했던 한일합방 때와 한국전쟁 때 2번 말랐다고 한다. 그러니 이제 1번만 더 샘이 마르면 세상은 멸망할 것이다. 그것이 언제일까. 지구의 미래가 궁금한 사람은 이 샘에 가봐야 한다.

그뿐인가! 금곡리에는 '하느님'이라고 불리던 분까지 살았다. 이건 전설이 아니라 실화다. 생일도 사람들은 초계최씨의 6대조 할아버지를 생일도의 '하느님 할아버지'라 부르고 우러렀다 한다. 실존 인물이 하느님이라는 이름으로 불렸다는 것은 그분이 얼마나 대단한 어른이었는지를 알려준다. 하느님 할아버지는 눈이 크고 눈썹이 흰 생일도 최고의 장사였다는데 이분 앞에서는 다들 벌벌 떨었다. 마을의 분쟁도 이분이 재판을 하면 다들 그 결과에 따랐다고 한다. 이런 신화 같은 이야기가 어디 또 있을까. 게다가 금곡리 용난골에는 몸이 아픈 환자를 낫게 하는 치유의 샘까지 있다. 겨울에는 따뜻하고 여름에는 시원한데 물맛도 좋다. 이 물을 먹고 나병 환자가 치유되었다는 이야기까지 전해지는 것을 보면 약수藥水임에 분명하다.

다섯 나라 사람이 함께 사는 섬

700여 명의 주민이 사는 생일도는 완도군 생일면의 중심 섬이다. 개발의 바람에서 한발 비켜나 있던 덕에 섬의 자연환경은 원형에 가깝게 보존되어 있다. 그 생태적 가치가 크다. 섬은 전복과 다시마 등의 양식업이 주된 소득원이다. 생일도는 남해 바다의 작은 섬이지만 어떤 면에서는 세계적인 섬이다. 이 섬에만 무려 5개 타국의 주민이 어울려 살고 있기 때문이다. 베트남, 중국, 라오스, 필리핀, 태국 등에서 결혼

이민을 와 정착한 여인들과 양식장에서 일하기 위해 섬으로 온 외국인 노동자들까지 포함하면 그 수는 더욱 늘어난다.

서성리 여객선 선착장에는 커다란 생일 케이크 조각상이 앉아 있다. '생일'이라는 이름에 착안하여 만든 상징 조형물인데 조악하기 이를 데 없다. 금광에 예언의 샘, 치유의 샘, 거기다 하느님 할아버지와 마방 할머니 여신까지 엄청난 서사가 차고 넘치는데 겨우 생일 케이크 조형물로 홍보하고 있으니 안쓰럽기만 하다.

여신의 신전과 함께 생일도에서 꼭 가봐야 할 곳은 섬의 랜드마크인 백운산(높이 482미터)과 생일도 둘레길이다. 백운산은 해발 0미터에서 시작되니 섬의 산치고는 꽤 높은 편이다. 하지만 백운산 트레킹 길은 가파르지 않고 완만해 쉬엄쉬엄 걷다 보면 금방이다. 등산로 입구는 여러 곳이지만 여객선 터미널이 있는 서성리 당산나무 부근 임도에서 시작하는 것이 무난하다.

백운산 능선에 서면 다도해의 섬, 가깝게는 고금, 약산, 신지, 완도, 금일도부터 멀리 소안, 청산, 보길, 대모, 소모, 횡간도 같은 완도의 섬이 사방으로 펼쳐진다. 그야말로 황홀경이다. '힐링'이 대세인 시대, 지방자치 단체들은 힐링을 관광 상품화하기 위해 예산을 들여 인공적인 무언가를 만들려고 한다. 그러나 대자연의 품에 안겨 바라보는 장엄한 풍경보다 더 좋은 힐링 상품은 없다. 섬은 그 자체로 힐링 공간이다.

섬은 들어서는 순간부터 힐링이 시작된다. 백운산 능선길은 생일도 최고의 힐링 포인트다. 발아래 펼쳐지는 다도해의 장관을 보며 걷거나 넋 놓고 앉아 있는 것만으로도 몸과 마음이 정화되는 느낌이다. 생일도 둘레길은 여신을 모신 당집과 아름드리 구실잣밤나무 숲을 지나 동백터널로 이어져 아름답다. 이 길의 굴전리 구실잣밤나무 군락지는 50만 제곱미터(15만 1,250평)나 된다. 동백터널을 이루는 금곡리의 동백나무 숲도 15만 제곱미터(4만 5,375평)나 된다. 이 동백나무 숲으로 인해 생일도의 겨울은 그야말로 동백의 화원이다. 용출리와 금곡리 사잇길에는 자생 꾸지뽕나무 군락지도 있다. 이처럼 숲과 바다가 완벽하게 조화를 이룬 생일도는 더 보태지 않아도 남도의 최고 보물섬이다. 생일도는 과거 완도에서 배가 다녔지만, 이제는 연륙이 된 고금도와 약산도까지 차가 다녀 약산도 당목항에서 30분 남짓만 배를 타면 쉽게 도달한다.

생일도는 바다뿐만 아니라 산에서도 먹거리를 얻을 수 있다. 그중 단연 최고의 맛은 구실잣밤나무 열매다. 잣밤은 밤과 잣의 중간 정도 맛인데 한때 항암에 특효라 해서 약용으로도 많이 팔렸다. 하지만 옛날 섬에서는 약용 이전에 아주 좋은 간식거리였다. 잣이나 밤처럼 밥에 넣어서 잣밤밥을 해 먹기도 했다.

산에서 나는 또 하나의 특산물은 볼개나무 열매다. 볼개나무는 실제 보리수가 아니라 보리장나무지만 흔히 '보리수'라 불린다. 열매는 완도 지방에서 '볼개', '뺄뚝' 등 다양한 이름으로 불린다. 옛날부터 생일도에는 볼개나무가 많았다. 그래서 과일이 귀하던 시절에는 볼개를 따다 금일도에 가서 팔아 생필품을 사 올 정도였다. 예전에는 신지도 동고리 처녀들이 생일도 금곡리로 볼개를 따러 왔는데 금곡리 총각들이 도와주다가 정분이 나기도 했다. 처녀들은 주전자를 한 손에 들고 볼개를 땄는데, 볼개를 주전자에 넣으면서 남녀의 손이 맞닿으면 전기가 통하고 정분이 났다. 그렇게 신지도 처녀와 생일도 총각 간에 연애가 이루어졌고 7~8쌍은 결혼까지 했다 하니 그야말로 '보리수 사랑'이다.

각시여, 서방여, 그 슬픈 바위섬들

생일도 용출마을 앞바다에는 전설이 깃든 2개의 무인도가 있다. 대용랑도와 소용랑도. 바람이 점점 거세진다. 저 섬들 사이로 용이 승천하던 날이 오늘 같았을까. 한번 승천한 용은 돌아오지 않고 용의 자취는 마을 이름으로만 남았다. 오후 늦게 폭풍주의보가 내릴 것이라 한다. 햇빛은 바람이 센 날일수록 눈부시다. 용이 떠난 바닷가, 암초에 부딪히는 포말들이 용트림한다.

오래전 섬이란 대개 피란민의 땅이었다. 전란을 피하거나 뭍에서 도망쳐 나와 살던 은자들의 처소. 소용랑도 옆의 저 여는 무슨 여일까. 여는 물의 들고 남에 따라 생기기도 하고 사라지기도 하는 암초다.

숭고한 밥상을 차리기 위한 숭고한 노동

장어 모양처럼 기다란 장어여, 미역이 많이 나는 미역여 등이야 묵묵할 뿐이지만, 이런 날이면 유독 서럽게 우는 여들이 따로 있다. 각시여, 서방여, 부부여, 슬픈여 등이다.

사람 사는 섬마을 바다에는 그런 이름의 여가 한둘은 있기 마련이다. 마을 앞에 작은 바위섬이 있었다. 부부가 배를 타고 나가면 각시는 섬에 내려 전복, 해삼, 소라, 미역 등을 채취했다. 그동안 서방은 노를 저어 섬에 일을 보러 갔다. 여러 시각이 지나 서방이 돌아오니 섬도 각시도 흔적조차 없다. 서방은 통곡을 했지만 각시는 이미 물거품이 되고 말았다. 뭍에 살다 섬에 온 이들에게 바다에 대한 지식이 있을 리 만무했다. 여가 물때에 따라 물 위로 오르기도 하고 물속으로 잠기기도 하는 암초라는 사실은 몰랐을 것이다. 그렇게 바다가 각시를 삼키고 서방을 삼켰다. 때때로 부부를 함께 삼키기도 했다.

깊은 바다보다는 얕은 바다가 무섭다. 뱃사람들에게도 여는 공포의 대상이었다. 각시가 죽은 뒤 여 근처만 지나면 배들이 난파당했다. 뱃사람들의 꿈에 원통하게 죽은 각시가 나타나 하소연했다. 뱃사람들은 원혼을 달래는 제사를 지냈다. 그러다 각시의 영혼을 당집으로 아주 모시기도 했다. 그러면 각시는 바다의 수호신이 되어 섬과 바닷길을 지켜주었다.

햇살이 쏟아지는 바다가 황금빛으로 눈부시다. 언제나 바다는 사람의 생사 따위에는 무심하다. 오늘 생일도 앞바다는 전복 가두리 양식장과 다시마 양식장 부표로 빈틈이 없다. 황금알을 낳는 전복들, 소득이 높아져 나쁠 것은 없다. 문제는 섬에서도 부의 편중이 갈수록 심해진다는 사실이다. 노동력이 넘치는 젊은 사람들은 점점 부유해지고 노동력을 잃은 노인들은 극한 빈곤에 시달린다.

 용출리에서 서성리로 가는 도로변 산기슭에 기와집 1채가 서 있다. '경모재敬慕齋'라는 현판이 걸렸다. 경모재는 조상신의 제사를 모시는 사당이다. 경모재 앞에서 죽음에 대해 생각한다. 내가 이곳에 또 올 수 있을까. 생生의 어느 순간인들 다시 돌아갈 수 있겠는가. 배를 타고 걷고 숨 쉬는 지금이 생의 마지막 순간임을 늘 잊지 않는다. 생의 마지막 순간에 대면하는 존재들, 어느 하나 소중하지 않은 것이 있으랴. 사람, 개와 고양이와 산새, 햇빛과 바람과 구름과 나무와 풀, 모두가 고맙다. 지금 여기의 존재가 눈물겨우니 두고 온 이들 또한 그립다. 가던 길 멈추고 나그네는 바다 건너 그리운 이들의 안부를 묻는다. 햇살의 길을 따라 편지를 보낸다.

돈으로 딱지를 접고 놀던 돈 섬

신안 만재도

돌담은 바람의 통로

　만재도가 세상에 알려진 것은 〈삼시세끼: 어촌 편〉(2015)이라는 방송 프로그램을 통해서였다. 그전까지 만재도는 무명의 섬이었다. 무명의 설움이 크듯 섬살이도 신산하기 이를 데 없었다. 만재도는 마을이 하나뿐이다. 마을 앞은 바다, 바다가 안마당이다. 바닷가 벤치에 할머니 한 분이 앉아 계신다. 할머니는 인근의 섬 상태도에서 시집왔다. 섬에서 섬으로 와 세월을 다 보냈다.

　"부모 명命 따라 왔지. 가라면 가고 오라면 오고. 좋은 데 있어도 내 갈 데로 못 가고." 인근의 작은 섬 상태도에서 역시나 엇비슷하게 작은 섬 만재도로 시집와 평생을 살았으니 얼마나 답답했을까. 고향

큰 바다 한가운데 위태로운 만재도를 지켜준 수호신 돌담

상태도처럼 만재도의 모든 집에도 돌담이 있다. 난바다 한가운데 작은 섬이니 바람의 공격에서 살아남으려면 돌담에 의존할 수밖에 없었다. 그래서 일부는 시멘트 담으로 바뀌었지만 여전히 돌담이 많다. 바람 앞에서는 시멘트 담보다 돌담이 강하다. 그래서 할머니는 사라진 돌담이 아쉽다. "담이 많이 없어져부렀어. 이제는 돌 기술자들이 없어."

남자뿐만 아니다. 옛날에는 여자 중에도 돌담을 잘 쌓는 기술자가 있었다. 만재도의 집은 유난히도 낮다. 섬의 집들이 대체로 낮지만 만재도는 그보다도 낮다. "엎져(엎드려) 들어가고 엎져 나왔다." 집이 낮으니 방에 엎드려 들어가고 엎드려 나와야 한다. 거센 바람의 피해를 조금이라도 덜 받기 위해서다. 당연히 바람막이 돌담 또한 성벽처럼 견고하게 잘 쌓았다.

하지만 아무리 튼튼하게 쌓은 돌담도 태풍이 거세게 불면 더러 허물어지고는 했다. 자연을 이기는 인공은 없다. 그래도 만재도 사람들은 꺾이지 않는 의지로 그때마다 다시 돌담을 쌓았다. 태풍이 아니라도 세월이 오래되면 비바람에 조금씩 돌담이 약해진다. 큰 돌 사이에 넣어둔 잔돌이 빠져나가면서 담이 허물어지기 시작하는 것이다. 그때도 역시 돌담을 보수했다. 그러니 아무리 오래된 돌담이라도 단번에 완성된 것은 없다. 돌담 쌓기는 수백 년째 진행 중이다. 허물어지면 다시 쌓고, 무너질 위험이 보이면 재빠르게 보수하고, 그렇게 돌담은 사람들과 함께 살아 숨 쉰다. 돌담에도 생명이 있다.

만재도 돌담은 지붕의 용머리와 같은 높이로 쌓는다. 이 또한 바람을 견디는 돌담 쌓기 기술이다. 돌담은 용머리보다 낮거나 높으면 안 된다. 용머리보다 낮으면 지붕이 날아가고, 높으면 강력한 태풍에 돌담이 무너질 수도 있다. 섬에서 바람은 이길 수 있는 상대가 아니다. 적이 아니라 손님이다. 누구도, 무엇도 바람을 상대로 싸워 이길 수는 없다. 그래서 잘 맞이했다가 잘 보내주는 것이 최고의 대응법이다. 귀한 손님을 맞이하듯이. 용머리와 돌담의 높이가 같은 것은 그 때문이다. 돌담을 타고 넘어온 바람이 그대로 용머리를 타고 넘어 지나가도록 서로 높이를 맞춘 것이다. 바람의 통로를 만들어준 것이다. 이것이 만재도 사람들이 수백 년 동안 강력한 바람으로부터 마을을 지키고 집을 지켜온 전략이다.

40년 동안의 전갱이 풍년

만재도는 면적 0.63제곱킬로미터(19만 575평), 해안선 길이 5.5킬로미터의 아주 작은 섬이다. 목포에서 남동쪽으로 10킬로미터, 흑산도에서 남쪽으로 45킬로미터 지점에 있다. 주위에 있는 내마도, 외마도, 국도, 녹도, 흑도, 제서, 간서, 백서 등과 함께 군도를 이룬다. 예전에는 진도군 조도면에 속했으나 1983년부터 신안군 흑산면에 속하게 되었다. 1700년경 평택임씨가 처음 들어와 살기 시작했으며 그 후 김해김씨가 들어와 살았다고 전해진다. 마구산(높이 177미터)이 가장 높다. 농사지을 땅이 없어 주민들은 대부분 어업에 종사한다. 다도해해상국립공원에 속한다. 초등학교 분교가 하나 있었으나 지금은 폐교되었다.

만재도는 돌산이라 산밭을 만들 수도 없었다. 그래서 섬사람들은 어업에 의지했다. 남자들은 어선을 타고 여자들은 물에꾼으로 물질하며 먹고살았다. 만재도 인근 섬에서는 해녀를 '물에꾼'이라 부른다. 물에서 일하는 일꾼. 물질로 얻은 미역은 마을 공동 재산이다. 채취한 뒤 공평하게 나눈다. 물에꾼들은 토종 홍합인 담치를 따서 내다 팔아 개인적으로 돈벌이를 한다. 지금은 인구가 10분의 1로 줄었지만, 한때는 100가구에 700명이나 살았다. 작은 땅에 그토록 많은 사람이 살 수 있었던 것은 어업이 발달했기 때문이다.

특히 40여 년 동안 전갱이가 풍년이었던 것이 가장 큰 이유였다. 회유성 어종인 전갱이가 여름이면 찾아와 만재도 앞바다에 득시글거렸다. 근처 다른 섬에는 오지 않는데 유독 만재도 앞바다로만 몰려들었다. 그래서 섬에는 전갱이 파시가 열렸다. 한때는 노를 저어서 조업하는 전마선(작은 무동력선)이 100여 척이나 있었다. 모든 집에 배가 1척씩 있었던 셈이다. 지금으로서는 상상도 할 수 없는 대호황이었다. 잡은 전갱이는 집집마다 간짱(간독)에 넣어 소금에 절였다. 절인 전갱이는 주로 인천의 운반선들이 사 갔다. 섬의 전성기였다.

해상 시장인 파시가 열리면 갯가에는 '색싯집'까지 생겼다. 사내들은 저녁이면 술과 노름으로 날을 지새우고는 했으니 그야말로 흥청망청이었다. 아이들은 종이가 더 귀해 돈으로 딱지를 접어 놀 정도였다. 그런데 어느 날부터 전쟁이 더 이상 찾아오지 않았다. 주민들은 살길이 막막했다. 당시 만재도는 진도군 소속이었다. 진도군에서 진도 본섬에 땅과 정착금을 지원해주고 주민들을 이주시켰다. 주민 중 40여 가구가 진도 본섬으로 이주했다. 그 후 섬에는 60여 가구만 남았다.

    옛날에는 모두 무동력 돛단배였으니 바람을 이용해 육지를 오갔다. 남서풍이 불면 목포로 나가기 좋았다. 되돌아올 때는 북서풍이 불어줘야 했다. 바람이 불지 않으면 꼼짝달싹할 수 없었다. 가다, 서다를 반복했다. 섬마다 들러서 바람이 불기를 기다렸다. 그래서 육지에 한번 나갔다 오려면 보름씩 걸리기도 했다. 노를 저어 오기도 했지만, 그것은 더 하세월이었다. 지금은 하루 만에 육지를 오갈 수 있으니 천지가 개벽한 셈이다.

    만재도에는 2개의 당산이 있다. 할아버지 당산과 할머니 당산이다. 폐교가 된 분교 옆의 작고 둥그런 산이 할머니 당산이다. 마을 뒷산은 할아버지 당산이다. 나무를 연료로 쓰던 시절, 아무리 땔감이 부족해도 절대 손대지 않았다. 사람이 드나든 지 오래된 당산은 출입할 길조차 없다. 더 이상 당제를 모시지 않지만 당산은 여전히 신성한 공간이다. 요즘은 어느 섬을 가나 산에 나무가 우거졌다. 만재도의 산도 상록수림으로 울창하다. 하지만 섬의 산이, 나무가 살아난 것은 그리 오래된 일이 아니다. 30년 전까지만 해도 만재도 역시 당산을 제외한 섬 전체가 벌거숭이였다.

가스가 공급되면서 땔감으로 벌채되어 황폐화되었던 숲이 다시 살아났다. 땔감이 부족해 추위에 떨면서도 끝내 손대지 않고 지켜진 숲이 당산이다. 고유의 당산 신앙이 숲을 살렸으니 우리 토속 신앙이란 얼마나 아름다운가. 신앙의 이름으로 파괴와 살상이 일상화된 세상에 우리 고유의 당산 신앙이란 얼마나 평화로운가. 죽임이 아닌 살림의 신앙이 아닌가!

해충을 쫓던 진대기끗기 놀이

할머니 당산 밑에는 이 마을의 공동 우물이 있다. 해수 담수화 시설이 들어서면서 더 이상 사용하지 않지만 섬사람들은 우물 또한 여전히 신성시한다. 만재도에는 여인들이 새해가 되면 연행하던 놀이 문화가 있었다. '진대기끗기'다. 진대기끗기는 해충을 쫓는 방충 의식이었다. 만재도에는 도새(뱀), 지네, 쥐 등 해충이 많았다. 도새나 지네는 독충이라 사람에게 해를 끼치고 쥐는 곡식에 손해를 끼쳤다. 이런 해충들을 내쫓는 의식이 진대기끗기였다. 별다른 방충제가 없던 시절이니 섬사람들은 해마다 정월 초면 해충이 나타나지 않게 해달라고, 해충의 피해를 줄여달라고 이런 의식을 행했다.

진대기끗기 놀이의 주체는 여자인데, 정월대보름에 열렸다. 만재도에서는 특이하게도 정월대보름 상을 15일이 아닌 18일에 차렸다. 놀이를 하기 전에 여자들은 상에 올리기 위해 만든 음식인 부침개, 나물, 오곡밥 등을 집집마다 다니면서 얻어놓는다. 놀이 중간에 배가 고프면 그 음식을 먹으며 놀았다.

진대기끗기 놀이의 순서는 이렇다. 마을 여자들이 모여 달대(갈대)나 풀, 모락(띠), 나뭇가지 등을 베어 온다. 그다음 그것들을 단으로 묶어 진대기를 만든다. 모락으로는 새끼줄을 꼰다. 이 새끼줄로 진대기 단을 묶는다. 진대기가 완성되면 여자들은 동네 한복판으로 모인다. 이때 마을에서 가장 목청이 좋은 여자가 앞장서서 진대기를 끌고 간다. 그러면 다른 여자들은 그 뒤를 따르며 소리를 한다. 그때 부르던 진대기 소리는 이렇다.

진대기 끗자. 독대기 때려라. 지심이 짓자. 오멩 가멩 가네 가, 지심이 짓자. 굴멩이 짓자. 지지갱이 짓자. 뱅 끝자, 뱅 끝자.

진대기를 끄는 이가 선소리를 하면 뒤따르는 이들은 후렴을 한다. 진대기 뒤를 따르는 이는 장단에 맞추어 나뭇가지로 진대기 단을 두드린다. 여자들은 이 소리를 반복하면서 동네를 한 바퀴 돈다. 동네를 도는 중에 집집이 들러 그 집 마당을 한 바퀴씩 돌며 놀이를 한다. 진대기꾼은 찾아간 집 부엌 아궁이의 재를 한 움큼 쥐어 솥뚜껑 위나 부뚜막에 뿌린다. 이 또한 해충을 내쫓기 위한 정화 의식이다. 진대기끗기 놀이는 여자들의 연희지만 남자들도 부분적으로 참가한다. 남자들은 훼방꾼 역할이다.

남자가 진대기를 빼앗아 달아나면 여자들은 고래고래 소리를 지르며 뒤쫓아 가 몸싸움을 해 진대기를 빼앗으려 든다. 그러면 진대기를 빼앗은 남자는 못 이기는 척 진대기를 돌려준다. 진대기꾼들이 마을을 다 돌고 진대기끗기 놀이를 마치면 마지막에는 마을 앞 해변으로 간다. 그리고 진대기 단을 불태운다. 진대기 단과 함께 마을의 모든 해충이 사라지기를 염원하는 의식이다. 진대기끗기 놀이가 끝나면 마을 여자들은 해변에서 강강술래를 하며 논다. 만재도의 강강술래 노래가 가슴을 울린다.

> 연연 엿바라 지름이 질질 흘른 엿, 늙은이가 먹으면 죽을 줄 모르고 젊은이가 먹으면 늙을 줄 모르고, 얼곳불곳, 솜팽이 대가리 강아지 간장 다 녹이고, 알닥갈닥 나막신 비 올 적에도 좋아요. 장장 짚새기 발도 벗고 좋아요. 고물고물 고물떡, 목 메친다 지장떡, 자갈자갈 자갈도 심엿 거룩도 자갈도, 술장사 3년에 주전자 꼬지만 남고요. 홍어잽이 3년에 두덕더디만 남고요. 울것물것 콩나물 대가리, 늙은이 간장 다 녹인다.

남북으로 헤어져 사는
은행나무 부부

강화 볼음도

자동차 구경만 실컷 합니다

북방한계선NLL 안의 섬 볼음도로 가는 여객선은 하루에 2번만 운항한다. 첫 배를 타기 위한 여행객들로 외포리 여객선 터미널은 혼잡하다. 그런데 외포리 부둣가 상가와 식당 들은 한적하기만 하다. 주말이고 한참 행락철인데 어찌 된 영문일까. 도로에는 차도 많은데 수산시장마저 썰렁하다. 산나물 등속을 팔러 나온 할머니가 궁금증을 풀어주신다. "다리 놔지고 나서 차는 몇 배 더 댕기는데 여기 오는 사람은 확 줄었어요. 자동차 구경만 실컷 합니다. 정신 사나워."

문제는 다리다. 강화도와 석모도가 다리로 연결되면서부터 여행자들은 외포리를 훌쩍 통과해버린다. 다리 개통과 함께 석모도행 여객선이 사라지자 사철 붐비던 외포리는 더없이 한적한 어촌마을이 되고 말았다. 가을에는 그나마 새우젓을 구하러 온 사람들로 활기가 돌지만 다른 계절에는 활력을 잃었다. 그렇다면 석모도는 사정이 더 좋아졌을까.

석모도는 2017년 6월 연륙교 개통 후 관광객은 늘었지만 극심한 교통 체증과 주차난에 시달리고 쓰레기 급증으로 몸살을 앓고 있다. 게다가 관광객 증가에 따른 이득은 일부 상인과 개발업자 등 외부 투자자에게만 돌아갈 뿐 옛 선착장 주변은 상권이 침체되었다. 관광업에 종사하지 않는 주민 대다수도 이익은 고사하고 교통난에만 시달린다.

강화도와 뱃길로 불과 10분 거리, 하루에도 수십 번씩 배가 다니던 석모도는 교통 불편이라고 할 게 없었다. 그럼에도 굳이 다리 공사를 한 것은 올바른 선택이었을까. 여전히 곳곳에서 계획되거나 진행 중인 연륙교 공사는 유일한 대안일까. 섬의 가치는 지키면서 교통 불편을 해소할 수 있는 방법이 있는데도 다리 공사만 고집하는 정책이 섬에 도움이 되는 걸까. 의문은 끊이지 않는데 1시간 남짓 운항 끝에 여객선이 볼음도에 기항한다.

선녀는 사라져라, 가정의 평화를 위해

볼음도 선착장 대합실 옆에는 눈에 확 들어오는 안내판 하나가 있다. 저어새가 들려주는 볼음도 이야기다. 볼음도의 역사와 전설, 생태 이야기를 그림과 글로 설명하는 안내판인데 쉽고 재미있어 앞을 떠나지 못하게 만든다. 청정하던 신선봉 선녀탕의 물이 오염된 이야기 앞에서는 미소가 빙그레 지어진다. 신선이 살았다는 신선봉 정상에는 '선녀탕'이라는 연못이 있었는데 늘 하늘의 선녀들이 내려와 목욕을 했다. 그런데 어느 해부터인가 선녀탕의 물이 오염되었다. 볼음도 마을의 아낙이 선녀탕에서 빨래를 해 더러워진 탓이다. 그 아낙은 왜 산꼭대기까지 올라가 빨래를 했던 것일까. 그림은 이유를 이렇게 설명한다. "우리 가정을 위해 너희(선녀)들은 사라져줘야겠다."

볼음도는 바다의 북방한계선 안에 있는 섬이라 선착장 입구에 군인들이 나와 입도객들의 인적 사항을 기록하고 방문 목적을 물은 뒤 방문증을 나누어준다. 볼음도는 우리가 여전히 분단된 민족이라는 사실을 일깨워준다. 볼음도에는 2개의 마을이 있는데 선착장에서 가까운 큰 마을은 당아촌이다. 마을 앞에 마을의 신전인 당산이 있다. 그 당산 아래 있는 마을이라 해서 당아촌이다. 볼음도는 면적 6.57제곱킬로미터(198만 7,425평), 해안선 길이 16킬로미터다. 한때는 초등학생 수가 280명이나 되었던 적도 있지만 지금은 전체 주민이 그 정도다. 게다가 대부분이 노인이다. 두 마을의 중간쯤에 있는 초등학교와 중학교 분교도 폐교가 되어 잡초만 무성하다.

천연기념물 저어새 서식지

섬은 조선시대에는 교동군에 속했다가 1914년에는 경기도 강화군에, 1995년에는 인천광역시 강화군에 속하게 되었다. 섬을 둘러싸고 평양금이산, 요옥산, 앞남산, 신선봉 등이 있고 그 안에 마을과 농토가 있다. 이 섬 역시 서해 바다 조기의 신(神)인 임경업 장군의 전설이 전해진다. 청나라에 볼모로 잡혀 있는 왕자를 구하러 가던 임경업 장군이 풍랑을 피해 볼음도에 들어왔는데 마침 보름달이 떠 있어서 '볼음도'라 했다는 전설이 전해진다. 전설은 이 근처 바다가 연평도 바다처럼 조기 어장이었던 데서 비롯된 것이지 싶다. 옛날에는 볼음도 옆의 아주 작은 섬 아차도에서도 조기 파시가 열렸다. 지금은 40여 명이 사는 면적 0.67제곱킬로미터(20만 2,675평)의 아주 작은 섬 아차도는 조기 파시 때면 1천 명이 넘게 들어와 살았는데, 처마 밑으로만 다녀도 비를 피할 수 있을 정도로 집들이 빽빽이 들어찼었다고 한다. 당시에는 볼음도에도 어업이 번성했고 '기생집'이 있을 정도로 흥청거렸다. 그래서 조기의 신인 임경업 장군을 수호신으로 받들었고 볼음도라는 지명 유래에도 장군이 개입하게 된 것이다.

지금은 북방한계선 안이라 어로 행위가 자유롭지 못해 어로를 하는 가구 수는 적다. 큰 배 1척, 작은 배 2척뿐이다. 그래서 주민들 다수는 조수 간만의 차가 큰 갯벌에 건강망(개막이 그물)을 설치해 배 없이도 밴댕이, 농어, 숭어 같은 물고기를 잡는다. 또 갯벌에서는 상합(백합),

경운기를 타고 무작정 달려도 끝이 보이지 않는 광활한 갯벌

가무락(모시조개), 소라 등을 키워 소득을 올린다. 이 갯벌은 천연기념물 제419호인 저어새 번식지이기도 하다. 저어새 보호 문제로 주민과 정부 간에 갈등이 빚어지기도 한다. 섬이지만 볼음도의 주업은 농사다. 갯벌을 간척해 논을 만든 까닭에 가구당 평균 경작 면적은 1만 평이 넘는다. 섬은 오랜 옛날부터 나지막한 모래 구릉, 해안 사구 위에 나무를 심어 방풍림을 조성했다. 그래서 섬 안에서는 바다가 보이지 않는다. 이 방풍림과 산 들이 바닷바람을 막아주어 섬은 분지처럼 아늑하고 벼는 해풍의 피해를 입지 않고 튼튼하게 자란다. 섬에는 강화 나들길 13코스인 13킬로미터 남짓의 트레일이 조성되어 있어 걷기에도 좋다.

남북에서 차려주던 은행나무 생일상

큰 마을을 지나고 폐교를 지나 내촌에 이르면 바닷가 저수지 옆에 은행나무 어르신이 우뚝 서 계신다. 볼음도 은행나무는 수령 900년이 넘어 천 년 가까이 되었을 것으로 추정된다. 몸통 둘레 8미터, 밑동 둘레 9.7미터, 키 25미터, 천연기념물 제304호다. 이 나무는 원래 북녘땅에 살았다. 고려시대, 지금의 연안군 호남리 호남중학교 운동장 자리에 암수 두 그루의 은행나무가 살았는데, 어느 여름 홍수에 수나무가 뿌리 뽑혀 볼음도 바다로 떠내려온 것을 주민들이 건져내 다시 심었다고 전해진다. 볼음도에서 연안까지는 불과 8킬로미터. 볼음도 주민

남북으로 헤어져 천 년을 살아온 은행나무 부부. 천 년의 이별이란 대체 어떤 이별일까.

들은 호남리 주민들에게 연락해 그 은행나무가 호남리에서 떠내려온 수나무인 것을 확인했다. 암나무와 함께 부부 나무로 있었던 사실도 알게 되었다.

그래서 매년 정월 초 풍어제를 지낼 때면 볼음도와 호남리 어부들은 서로 날짜를 맞추어 생일을 지내주었다. 그렇게라도 헤어진 두 은행나무 부부의 슬픔을 달래주고 싶었다. 은행나무는 한여름 무더위에 시달리던 섬 주민들의 피난처이기도 했다. 찜통 같은 더위에도 은행나무 그늘에만 들어가면 냉기가 돌 정도로 서늘했다. 열대야 같은 밤이면 주민들은 은행나무 그늘에 모여 잠을 청했다. 바닥에 거적을 깔고 30~40명의 어른이 시원하게 잠잘 때 아이 열댓 명은 은행나무로 올라가 저마다 가지 사이에 자리를 잡고 잠을 청했다. 나무와 한 몸이 된 아이들, 당시 풍경을 떠올려보니 동화 속 세상 같다. 영화 〈아바타〉(2009)의 한 장면처럼, 또 이중섭의 그림 속 아이들처럼 신비로운 모습들, 생각만으로도 세상이 환해진다.

하지만 오랜 세월 이어진 남북의 은행나무 생일상 차리기는 한국전쟁 이후 두 지역이 남북으로 갈리면서 중단되었다. 그 후 볼음도의 수나무는 시름시름 앓더니 점차 말라갔다. 섬 주민들은 연안에 사는 암나무의 안부를 알 길이 없자 수나무가 죽어가는 거라 생각했다. 사실은 바닷가에 자리해 있어 염분의 영향을 받았을 가능성이 크다. 그래서인지 1980년대 들어 은행나무 근처에 저수지가 만들어져 해수가 차단되자 볼음도 은행나무는 다시 살아나 푸르름을 되찾았다. 들리는 풍문에는 북한의 암나무도 합동 풍어제 생일상 차리기가 중단된 후 시름시름 앓았는데 호남중학교 교직원들의 보살핌으로 생기를 되찾았다 한다. 호남리 은행나무도 북한의 천연기념물 제165호로 지정되어 보호받고 있다.

    나그네가 소장으로 일하는 사단법인 섬연구소에서는 북방한계선에 깃든 남북 간의 긴장을 풀고 평화를 염원하는 뜻에서 2018년 남북정상회담 직후 김종진 문화재청장에게 볼음도 은행나무 생일상 복원 행사를 제안했다. 그리고 문화재청과 공동으로 칠석인 2018년 8월 17일 볼음도 은행나무 아래서 생일상 차리기 행사를 개최했다. 볼음도 주민들과 뭍에서 온 많은 사람이 은행나무 생일상 복원 행사에 함께 했다. 그렇게 볼음도 은행나무는 남북 분단을 극복하는 화합의 상징, 평화의 나무로 세상에 우뚝 서는 듯했다. 하지만 행사는 더 이어지지 못했다. 어서 다시 남북이 자유롭게 교류하는 날이 찾아와 남과 북에서 은행나무 생일상 차리기 행사가 동시에 열릴 수 있기를 간절히 기원한다.

하느님 똥구멍도
지져버린 섬사람들

신안 자은도

하느님 똥구멍 지지는 기우제

섬사람들은 화가 나면 하느님 똥구멍도 지져버린다! 신안군 자은도 와우마을 뒷산 이름은 '굿산'이다. 옛날에는 마을에 가뭄이 들면 주민들이 굿산에 올라가 기우제를 지냈다. 와우마을 기우제는 남달랐다. 돌을 쌓아 만든 제단 위에 나뭇단을 올려놓고 불을 피웠다. 제물을 바치며 간절히 기도를 드려도 모자랄 기우제에서 어찌 불을 피웠던 걸까. 가뭄으로 천지가 불타고 있는데 부채질이라도 하려는 것이었을까.

맞다. 불난 데 부채질하자는 것이었다. 애원하고 기도해도 비를 내려주지 않는 하느님을 협박하려는 것이었다. 와우마을 사람들은 비를 내려달라고 하면서 불을 피우는 것을 "하느님 똥구멍 지진다"라고 표현했다. 불기운이 올라가면 하느님이 놀라서 비를 내려줄 것이라 믿었다. 역시나, 그렇게 하느님 똥구멍을 지지면 거짓말처럼 비가 내리고는 했다.

섬사람들은 하느님이든 임금님이든 제 역할을 못 하면 맞짱 뜰 배짱이 있었다. 이판사판 아닌가. 이래 죽으나 저래 죽으나 한번 덤벼 보고 죽자. 그래서 유달리 '아기장수' 설화 같은 반역의 전설이 많은 곳이 섬이다. 섬의 이야기는 무궁무진하여 도무지 끝이 없다. 섬은 이야기의 보고다.

창세 신화가 남아 있는 섬들

민족의 신화인 '단군신화'에도 이 땅이 어떻게 생겨났는지에 관한 창세 신화는 없다. 육지에는 없는 창세 신화가 섬에는 남아 있다. 제주도를 만든 것은 '설문대 할망'이고 통영 섬을 만든 것은 '마구 할매'다. 완도의 금당도는 장흥의 천관산에 개벽이 일어나면서 떨어져 나와 만들어진 섬이다. 그래서 장흥은 몸뚱이고 금당도는 손과 발이라고 한다. 자은도에도 창세 신화가 있다.

자은도 구영리 마을 뒤편에는 두봉산이 있는데 섬사람들은 '말봉산'으로 부른다. 인근 암태도에는 승봉산이 있다. 승봉산을 암태도 사람들은 '되봉산'으로 부른다. 두 산은 탄생 신화가 있다. 천지가 개벽할 때 1말 정도 크기의 땅이 솟아 말봉산이 되었고, 1되만큼의 땅이 솟아 되봉산이 되었다고 전한다.

신안의 섬 자은도는 연륙이 되었지만 소멸해가는 변방의 섬이다. 자은도는 1970년대에 2만 명이 살았는데 2025년 기준 인구는 2,236명에 불과하다. 10분의 1로 줄었다. 1970년에는 16만 6,555명이던 신안군 인구도 1983년에는 11만 8,708명으로, 1992년에는 7만 5,825명으로 줄더니, 2022년에는 3만 8,745명에 불과하다. 우리나라 유인도 수도 급격히 줄었다. 1980년에는 987개였지만 2025년 현재는 481개에 불과하다. 40년 새 절반이 넘는 506개의 유인도가 사라졌다. 유인도가 사라지고 섬에 사는 사람이 줄면서 그야말로 섬사람 자체가 '멸종위기종'이 되고 말았다.

자은도에는 고려시대와 조선시대에 수군 진영이 있었다. 그래서 자은면 소재지 이름이 구영리舊營里다. 옛날舊에 수군 진영營이 있던 마을, 구영. 고려 우왕 3년(1377)에 이미 진영을 설치하여 군마를 기르고 병사를 훈련했던 군사 요충지다. 자은도 송산리에는 섬에서 가장 아름다운 나무가 있다. 350살 먹은 보호수 팽나무다. 본래는 지금보다 훨씬 더 컸다고 한다. 오랜 세월 팽나무는 큰 우산을 펼쳐놓은 것처럼 넓은 그늘을 드리운 채 완벽하게 균형 잡힌 모습이었다. 그래서 "어디 들어간 데 없이 멋있는" 나무였다. 하지만 어느 해 큰바람에 가지가

마을의 안녕을 보살피던 자은도 팽나무 어르신

부러지면서 아름답던 자태가 많이 사라졌다. 그래도 송산리 팽나무는 자은도에서 가장 아름다운 나무다. 팽나무는 여전히 마을의 큰 우산이자, 정자나무이기도 하다. 민가나 도로와도 떨어져 있어 목가적이다. 마을 사람도 나그네도 쉬었다 가기 좋은 나무다.

인자 여자가 큰소리 침서 살제

팽나무는 동네의 사당나무, 즉 서낭나무, 신목이다. 예전에 이 팽나무는 해마다 사람들이 올리는 밥상을 받았다. 정월대보름이면 나무 아래서 당제를 모셨다. 옛날 당제를 모실 때는 금줄을 쳐놓고 나무 근처에 제관 외에는 아무도 접근하지 못하게 했다. 제를 지내기 전까지 10일간은 외부인의 출입이 철저히 통제되었다. 제관들은 남자뿐이었다. 한복 두루마기를 잘 갖춰 입은 제관들은 제사를 준비하는 기간부터 마을 뒷산 골창(골짜기)에 가서 날마다 목욕재계를 하고 물을 길어 왔다. 당제를 모실 때는 골창의 새미, 당샘에서 떠온 물로 음식을 만들어 제를 올렸다.

당제 기간 동안은 여자의 접근을 철저히 막았다. 마을 주민 박정심 씨의 증언이다. "감히 울들은, 여자들은 부정 탄다고 기척도 못 하게 했어. 당신네들 댕긴 데만 문을 달아놓고 새끼줄로 금줄을 해서 막아놨어. 동네 사람들도 옴짝달싹 못하게 했어. 완전히 대통령 나무였어. 영감들은 호랭이 같았고." '대통령 나무'를 지키는 호랑이였던 제관들은 열흘 동안 권세를 부리며 호가호위 왕 노릇을 했다. 여자들이 실수로 부근에 가기라도 하면 "여자들이 감히 어딜 오느냐"고 버럭 소리를 지르며 내쫓았다.

"인자 여자가 큰소리 침서 살제. 그땐 시아버지 밥상 가져다 올리고도 뒷걸음으로 나와야 했어. 새벽에 일어나면 날마다 시부모님께 절을 올리고 살았제. 절을 안 하면 밥도 안 잡숫고 그랬제. 사는 게 무서웠어. 고됐제. 요샌 참 좋은 시상(세상)이여."

그런 세상이었으니 당제 때는 어땠겠는가. 나무 둘레에도 금줄을 쳤지만 마을로 들어오는 길 양쪽에도 금줄을 쳐서 외부인의 출입을 통제했다. 줄다리기 줄처럼 두터운 동아줄을 걸었다. 줄에는 꼬치(고추), 숯댕이(숯) 등을 꽂아 금줄임을 표시하고 부정을 방지했다. 당제가 끝나면 대부분의 마을은 모두가 모여 제사 음식을 나누는 잔치를 벌였다. 하지만 송산리 당제에서는 제가 끝나도 여자들에게 제사 음식을 나누지 않았다. "옛날 하나버지(할아버지)들은 고약했제. 어디 여자들이 그런 걸 먹어, 했어." 유별나게 남존여비男尊女卑 사상이 강한 동네였다. 당산나무 아래서 펼쳐지던 풍경이 어제인 듯 눈에 훤하다. 이제 당산나무는 더 이상 당제 상을 받지 못한다. 당제가 끊긴 지 오래되었기 때문이다. 더 이상 위세를 부릴 영감도 없다. 그래서 모두에게 평등하게 그늘을 나누어주는 감사한 나무가 되었다.

섬 주민들의 은혜에 감격한 두사충

사랑과 은혜의 섬, 자은도慈恩島. 자은도라는 이름은 두사충杜師忠(일명 두사춘)이라는 인물이 지었다고 전해진다. 두사충은 임진왜란 때 이여송 장군과 함께 참전했던 중국인인데 반역자로 몰려 자은도로 피신을 오게 되었다. 그때 자신을 잘 보살펴준 섬 주민들의 은혜에 감격하여 섬 이름을 자은도로 지어줬다는 것이 이야기의 골자다. 자은도 중에서도 송산리는 소나무가 많아 '송산松山'이라 칭하였는데 송산마을, 다산마을, 두모마을 등의 자연부락이 있다. 당시 두사충은 자은도에 들어와 송산리 두모마을에 숨어 살았다. 어느 날 두사충이 자은도 서쪽 끝에 위치한 분계리 응암산을 바라보며 영산靈山이라 감탄하고 춤을 추었다 하여 그가 살던 곳을 '두무동斗舞洞'이라 부르게 되었다 한다. '두무'가 이후 '두모'로 변했다는 것이다.

두사충은 역사에 등장하는 실존 인물이다. 실존 인물 두사충이 자은도에 전해지는 두사충과 동일 인물인지는 알 수 없다. 임진왜란 시기 명나라에서 조선으로 건너왔다는 점에서는 같은 인물일 가능성이 높다. 두사충은 명나라 두릉 출신인데 당나라 시인 두보의 21대손이다. 명나라 기주자사 교림의 아들로 명나라 장수였다. 두사충은 명나라에서부터 풍수지리 전문가로 유명했다. 명나라에서 상서尙書 벼슬을 지내다가 선조 25년(1592) 이여송과 이여송의 사위였던 진린 장군과 임진왜란에 참전해 왜군을 격퇴하는 데 공을 세웠다. 하지만 두사

개막이는 개(갯벌)를 막아 밀물 때 들어온 어류를 썰물 때 잡는 전통 어업 방식이다.

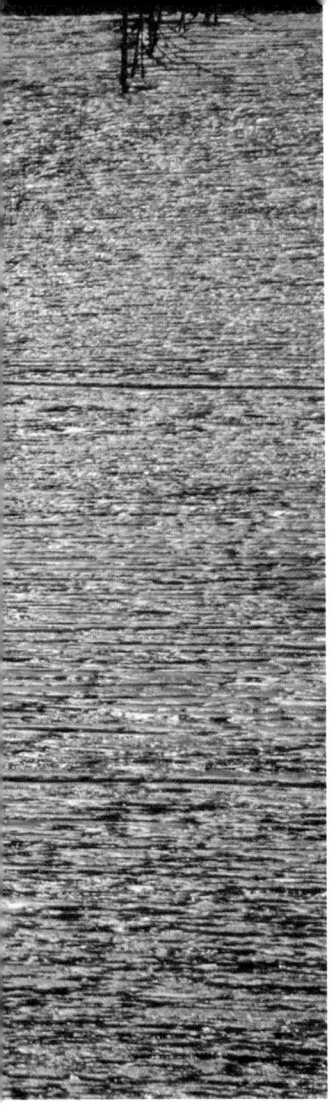

충은 명나라가 망할 것을 예견하고 조선에 귀화해 대구에 정착한 뒤 두릉두씨의 시조가 되었다. 이순신과 노량해전을 승리로 이끈 진린 때문에 이순신과도 인연이 깊었다 한다. 그래서 아산 금성산 자락 이순신의 묫자리를 두사충이 잡아줬다는 설도 있다.

경기도 양평에 있는 한음 이덕형의 묫자리도 두사충이 점지했다고 전한다. 선조와 광해군 시절 한음 이덕형은 2번이나 영의정 자리에 올랐을 정도로 유력한 정치가였다. 명나라로 가서 명의 군대를 구원군으로 불러온 것도 이덕형이었다. 광해군 시절 이덕형은 당쟁에 휘말려 관직을 박탈당한 뒤 양평으로 낙향했다가 1달 뒤에 죽었다. 이때 양평 목왕리에 그의 묫자리를 잡아준 이가 지관地官인 두사충이었다고 전한다. 역사에서 장군인 두사충은 양평에서 명군을 따라온 지관으로 등장한다. 그의 신분이 무엇이든 그가 명에 원병을 청하러 갔던 이덕형과 인연이 있었으리라는 것은 충분히 추론할 수 있다. 그렇다면 두사충이 명나라 출신으로 조선에 귀화한 장군이고 지관으로서의 능력도 있었던 까닭에 친분이 있던 이덕형의 묫자리를 잡아줬을 것이다. 못자리를 잡아준 까닭에 양평에서는 지관으로만 알려졌을 수도 있다.

하지만 자은도의 이름을 두사충이 지어줬다는 이야기는 또 다르다. 고려시대부터 이미 자은도라는 이름이 있었기 때문이다.『고려사』 공민왕 22년(1373) 11월 5일 기사에는 "명에 보낸 사신들의 배가 파선해 주영찬 등이 자은도 앞바다에서 모두 익사했다"라는 기록이 있고, 『조선왕조실록』 세종 18년(1436) 7월 25일 무오 두 번째 기사에도 자은도가 등장한다. "자은도 목장慈恩島牧場은 다경포 만호多慶浦萬戶가 겸하게 하고 감목관監牧官은 혁파하게 했다."

무안의 다경포에 있던 만호가 인근 섬 자은도의 감목관까지 겸직하도록 했다는 이야기다. 그래서 두사충이 자은도라는 이름을 지었다는 이야기는 근거가 없지만, 전국을 떠도는 지관이었다면 두사충이 자은도에 잠깐이라도 살았을 가능성은 충분하다. 두사충, 그는 대체 어떤 인연의 끈으로 머나먼 명나라에서 조선의 남방 끝자락 섬까지 흘러왔던 것일까.

관우를 신으로 모시는 섬

여수 대횡간도

슬픔의 생애

대횡간도 요망산 가는 길, 산비탈 밭에서 풀을 매는 할머니. "손님들이 우리 밭으로도 오시고 반갑습네다. 하하하 좋습네다." 여든여덟, 할머니는 구순을 바라보는 나이에도 여전히 밭을 일구어야 입에 풀칠이라도 할 수 있다. "국가에서 20만 원씩 줘도 혼자 먹고살기 힘듭니다. 자식들한테 손 벌리기도 어렵고……." 어렵게 사는 자식들한테 손 벌릴 처지도 못 되고 보조금으로는 부족해서 농사를 지어 생계에 보탠다. "기름 사야지, 까스 사야지. 그래서 어렵습니다. 그래도 국가에서 돈을 많이 주니 고맙습니다."

평생을 일하고도 노년이 곤궁한 것은 숙명일 뿐인가. "남의 돈이란 한 푼도 안 먹습니다. 산모퉁이 여기다 보리를 갑니다. 찍어 갖고 한 되 폴고 두 되 폴아 갖고 쓰고 삽니다. 깨도 갈고 녹두도 갈고." 종일 이 산비탈 밭에서 일하지만 누구 하나 지나가는 사람이 없어 매양 쓸쓸하다. 그런데 오늘은 모처럼 잠시 잠깐 스쳐가는 이들이라도 있는 것이 이토록 좋을 수가 없다. 얼마나 오랜 세월 외로웠던 것일까. 남은 날들은 다시 또 얼마나 고독한 생애일 것인가. "참 반갑습니다. 참 반갑습니다. 누구도 안 올라와요. 어른들이 우리 밭에 오시니 재미가 납니다."

오늘 뭍에서 온 사람들이 이 밭을 지날 거라는 소식에 며칠 동안이나 비탈길의 풀도 베고 돌도 골라내고 기다리셨다. "누가 또 뭐 하러 여기를 오시겠습니까. 꿈에나 올 겁니까. 좋은 경사 났다. 밭 보러 온다. 반갑고 반가워 어저께 내리치고, 그저께 내리치고 돌에 챌까 싶어서 치고 또 쳤습니다." 혹여 손님들이 돌부리에 넘어질까 싶어서 혼자 걷기도 힘든 몸을 이끌고 길가의 돌들을 치우고 또 치우셨다. 융단을 깐 것보다, 그 어느 꽃길보다 고마운 길이다.

"공무원들이, 붓대 잡고 사는 사람들이 오신다기에 치고 또 쳤습니다. 아갸가 고맙습니다. 죽어도 못 잊겠습니다. 부러 밭도 보러 오시고." 부러 밭을 보러 간 것도 아닌데, 다만 지원사업 심사차 온 사람 몇이 요망산 탐방 길에 이 길을 잠깐 지나는 것뿐인데, 할머니는 평생의 큰 손님을 맞이하기라도 한 것처럼 기뻐하신다. 그 외로움의 깊이

가 느껴져 불현듯 눈시울이 붉어진다. 참으로 눈물겹고 또 눈물겨운 길이다.

할머니는 젊은 시절 남편이 '작은 각시'를 얻어 나간 뒤 내내 혼자서 아들 셋, 딸 둘 5남매를 키우고 살았다. 남의 집 일도 해주고 밭도 갈고, 그래서 먹고살았다. 하지만 가난을 대물림 받은 자식들은 다들 어렵게 산다. 집 나간 남편은 끝내 돌아오지 않았다. 남편은 할머니가 48세였을 때 이승을 떠났다는 소식만 바람결에 전해졌다.

할머니는 한쪽 눈이 멀어 외눈으로만 살아왔다. 바람난 남편이 집을 떠나던 날 할머니는 빨래를 하고 있었다. 아내는 가지 말라고 남편을 붙들었는데, 화가 난 남편이 빨래하려고 담아놨던 양잿물 그릇을 냅다 걷어찼다. 그 독한 양잿물이 눈에 들어가 아내는 한쪽 눈을 실명했더랬다. 그래서 두 눈 부릅뜨고도 건너기 어려운 풍파 속을 외눈으로 헤치며 살아왔다.

가도 가도 끝없는 비탈길. 이제는 이 비탈밭에 오르는 일이 생의 마지막 자리를 찾아가는 연습 같다. 그래서 할머니는 밭일이 있으나 없으나 날마다 이 산비탈 밭을 오른다. 울다가 노래를 부르다가 그렇게 한세월을 보내며 뒹굴어온 한 몸뚱이 같은 밭이다.

"안 좋습니까. 뺑 뚫려서 천지가 저렇게 다 뵈고." 할머니는 탁 트인 바다가 그렇게 시원스러울 수가 없다. 그래서 날마다 이 산밭에 오른다. "천지가 다 저래 뵈고. 화병 나면 여기서 울고 저기 쳐다보면 속이 훤히 뚫리고 좋습니다. 내 속이 다 풀리고 좋습니다." 그리 좋으셨을까. 정들어 떠나기 싫으셨을까. 이승의 버팀목이었던 이 비탈밭에 할머니는 묫자리도 마련해놓으셨다. 비탈 같은 생애, 비탈밭은 이승에서 저승으로 가는 길목이었다.

명맥이 끊긴 관왕제가 복원되기를

여수시 남면 대횡간도는 0.34제곱킬로미터(10만 2,850평)의 땅에 60여 가구, 120여 명이 살아간다. 남면은 섬만으로 이루어진 행정 구역인데 금오도에 면 소재지가 있다. 연도, 안도, 화태도, 나발도, 두라도, 대횡간도 등이 모두 남면에 속하는 섬이다. 대횡간도는 다도해해상국립공원에 있는데 요망산은 섬에서 가장 높은 곳이지만, 그래 봐야 91미터. 요망산에는 고목 후박나무 군락 20여 그루가 자생하고 있다. 높이 20미터, 둘레 2.5미터 정도 되는 큰 나무들이다.

섬은 작지만 풍요로운 편이다. 농토에서는 콩, 마늘, 방풍 등이 재배되고 바다에서는 연중 멸치, 새우, 장어, 파래 등이 나온다. 어류 양식을 하는 집도 있다. '횡간'이라는 섬 이름도 독특한데 내력은 이렇다. 돌산 신복리에 '복병끝'이라는 지명이 있는데, 풍수설에 따르면 섬이 복병끝을 비켜 나간다 하여 '빗간'이라 불렸고 이를 한자화하면서 '빗길 횡橫' 자, 횡간도가 되었다고 한다. 복병끝이 대체 뭐길래 거길 비켜 나간다고 섬 이름이 횡간이 되었을까. 거기 복병이 숨어 있다 화살을 쐈는데 화살이 비켜 가기라도 한 것일까. 아! 그래서 또 이런 유래도 있다. 임진왜란 때 왜적들이 바다에서 화살을 쏘면 이 섬이 막고 있어 비켜 갔다 해서 '횡간'이라 했다는 설이다. 누가 화살을 쏘기는 쐈던가 보다, 복병이든 왜적이든.

작은 섬이지만 신석기시대 유물이 출토되었을 정도로 횡간도의 사람살이 역사는 길다. 분교 서쪽 바닷가에 패총, 조개무지가 있다. 켜켜이 쌓인 조개껍데기는 북쪽에 약 20센티미터, 남쪽에 약 1미터 정도로 퇴적되어 있다. 이 조개껍데기 층 아래 10센티미터 정도의 점토층에서 덧무늬토기 조각이 출토되었고, 상층부에서는 점띠무늬 토기 조각이 발견되었다. 밥그릇 조각이 기록에도 없는 선사시대를 살았던 섬사람들의 삶을 증언해준다.

역사시대 이후 대횡간도는 고려시대인 1026년 돌산 죽포에서 김윤동이 처음으로 이주하여 살았고 그 후로는 돌산 신기에서 김억이 들어와 정착했다고 전해진다. 그들의 후손이 지금까지 살고 있지는 않다. 조선시대 들어 대횡간도는 공도 정책으로 거주가 금지되었고 사람들 대신 말들이 사는 국영 목장으로 이용되었다. 다시 입도가 허가된 것은 임진왜란 이후다. 1630년경에는 구례에서 강만태, 달성서씨 등이 차례로 이주하며 현재의 마을을 이룬 것으로 전해진다.

횡간도의 북쪽 해변에는 밭 1마지기 정도 되는 넓고 평평한 너럭

바위가 있다. 이 일대를 사람들은 '놀이청'이라 했다. 횡간도에는 이곳이 돌산도에 있던 방답 첨사진의 수군들이 들어와 건너편 돌산도 작금마을에 있는 해안 굴을 과녁 삼아 활쏘기를 연습하는 연마장으로, 또 고관들의 놀이터로도 이용되었다는 이야기가 전해진다. 그래서 놀이청으로 불렀다는 것이다. 바위 한 귀퉁이에 새겨진 각석문에 방답진 수군들이 놀이를 했다는 기록이 그 사실을 증명한다.

대횡간도에는 특이하게도 관우를 모시는 신당이 있다. 관우를 신격화한 관왕 신앙은 임진왜란 때 명나라 군대를 따라 전파된 것으로 추정되는데 작은 섬에 관우를 모시는 사당이 있다는 사실은 뜻밖이다. 명나라 군대가 주둔했던 여수 지역 어디에도 없는 관우사당이 대횡간도에만 있다. 하지만 대횡간도의 관우사당이 임진왜란 때 전해진 것은 아니다. 대횡간도에서는 19세기 후반부터 관왕을 모시면 좋다는 이야기가 돌았다고 한다. 그래서 마을 사람들이 관우의 초상화를 집에 모시고 제사를 지냈는데, 점차 관왕 신앙을 믿는 사람이 늘어나면서 사당을 세웠다고 한다.

일제강점기에는 일본 경찰이 관우사당의 칼, 초상화, 서적 등을 빼앗아 갔다. 지금 사당의 초상화는 1914년에 다시 제작된 것이다. 관왕묘에는 관우, 유비, 장비 등 3명과 스님 1명의 초상화와 위패를 모시고 있다. 관왕제는 봄의 '경칩', 가을의 '상강'에 두 차례가 모셔졌다. 오랫동안 관왕제에 참여해온 집안의 후손들이 계를 조직(24명)해 운영해

왔으나 고령화와 재정 부족 등으로 관왕제와 계의 명맥이 끊어졌다. 그래서 지금은 관왕묘 당집도 거의 방치된 상태다. 그저 미신이 아니다, 소중한 섬의 문화다. 다시 관왕제가 복원되기를 고대한다.

대횡간도에는 관왕묘 외에도 당집이 있었고 당산제를 모셨다. 대횡간도가 조선시대 국영 목장이었던 데서 기인한 듯 마을 동쪽 산 중턱에 있는 당집에는 흙으로 만든 말 2마리가 신체로 모셔졌다. 당집 제실에는 백지에 용마가 그려져 있기도 했지만, 지금은 용마 그림은 사라지고 말도 1마리만 남았다. 당제는 30여 년 전 마을에 교회가 들어오면서 사라졌다. 본래 당제는 정월 초하룻날 밤 12시子時쯤에 모시는 것이 원칙이었으나, 마을에 안 좋은 일이 생기면 정월대보름에, 또 문제가 발생하면 삼월삼짇날에 지냈다고 한다.

신통한 느티나무

대횡간도에서는 오랫동안 주머니그물로 멸치를 잡는 낭장망 어업이 주업이었다. 지금도 조류가 빠른 대횡간도와 화태도 사이, 돌산도와 대횡간도, 소횡간도 사이의 해역에 낭장망 20여 틀을 설치해두고 멸치를 잡는다. 멸치잡이가 섬의 가장 큰 소득원이다. 특히 이 해협에서 잡히는 멸치는 맛이 뛰어난 것으로 명성이 높다. 그래서 다른 지역 멸칫값에 비해 20퍼센트가량 비싸게 팔린다. 대횡간도는 양식업도 일

한가운데 우뚝 서서 마을의 안녕을 보살피는 신목

찍 도입되었다. 1980년대 초부터 어류 양식을 시작해 아직까지도 잡는 어업과 기르는 어업을 병행하고 있다. 대횡간도는 조선시대 전라좌수영의 특산물인 전복을 진상하던 곳이기도 하다. 『호좌수영지湖左水營誌』에 따르면 "섬에다가 잠수군潛水軍을 두고 전복을 잡아 말려서 진상하고 생전복은 역마를 통해 서울로 보냈다"는 기록이 있다.

마을 중심부에는 아주 특별한 나무 한 그루가 있다. 괴목(느티나무)인데 500년 이상이 되었다고 추정한다. 마을 노인들은 이 나무의 잎이 피는 것을 보고 그 해의 풍흉豊凶을 점쳤다 한다. 나무의 북쪽 가지가 무성하면 윗녘에 풍년이 들며, 남쪽 가지가 무성하면 아랫녘의 시절이 좋았다고 전해진다. 1960년대 마을에 방송 시설을 하기 위해 이 나무에 못을 박고 스피커와 전선을 매달았는데 갑자기 나무에 못을 박은 사람이 복통을 일으키고 앰프가 가동되지 않았다. 이를 이상하게 여긴 마을 사람들이 무당에게 알아보니 이 괴목에 못질을 했기 때문이라고 알려주어 즉시 못을 뺐다. 그러자 신통하게 기사도 복통을 멈추고 앰프도 다시 가동되었다고 한다. 나무의 신령함이었을까. 섬사람들의 나무에 대한 믿음이 만들어낸 전설일까. 섬들은 여전히 신화와 전설의 고향이다.

사격 세계 2위가 된
소녀의 고향 섬

신안 당사도

당나라에서 날아온 모래가 만든 섬

신안에는 중국의 당나라 때 양쯔강 모래가 흘러와 만들어진 섬이 있다. 그래서 한자 이름도 '당나라 당唐' 자와 '모래 사沙' 자를 써서 '당사도唐沙島'다. 제주의 비양도飛揚島는 천 년 전 어느 날 섬이 중국 쪽 하늘에서 날아와 생겼다는 전설이 있다. 그래서 '날 비飛' 자를 써 비양도다. 거제의 외도는 일본 쪽 바다에서부터 떠내려온 섬이라 전해진다. 섬의 탄생 신화다. 이러한 이야기에는 '국토부동관國土浮動觀'이 깃들어 있다. 국토부동관이란 자연현상을 인문적·지리적으로 보고 풀어내는 사상이다. 과학 지식이 부족했던 시대, 지각의 상승·하강 운동인 조륙운동이나 산맥을 형성하는 지각 변동인 조산운동 등의 자연현상을 신화적으로 해석했던 이론이다.

　물론 작은 섬에 당堂이 2개나 있고 마을 뒤에는 모래沙가 많아 '당사唐沙도'라 했다는 유래도 있다. 대부분의 작은 섬마을에도 '상당', '하당' 이렇게 당이 둘씩은 있었고 더 규모가 크면 '중당'까지 3개씩 있는 마을도 많았으니 이 유래가 맞는다고 장담할 수는 없다. 그래서 당이 2개나 있어 당사도라 했다는 이야기 또한 신화적이다. 섬에서 당의 영향력이 그만큼 컸다는 뜻이기 때문이다. 당사도 마을 신전인 당의 주신은 300살 자신 거목 팽나무 어른신들로 윗당에는 할아버지 팽나무가 아랫당에는 할머니 팽나무가 계시다.

　윗당 숲은 북서풍을, 아랫당 숲은 남동풍을 막는 방풍림으로 조성되었다. 본디 바람을 막기 위해 방풍림으로 심었던 나무들이 자라나 거목이 되자 마침내 마을의 수호신으로 신격화된 것이다. 오랜 세월 모진 바닷바람으로부터 마을의 농작물을 지켜주고 사람이 사는 집까지 보호했으니 어찌 영험한 신이라 하지 않을 수 있겠는가. 윗당이든 아랫당이든 "당산 숲에서는 부정한 일을 하면 동티가 난다"고 했다. "팽나무 가지를 하나라도 꺾으면 손가락이 오그라든다"는 말이 전해질 정도로 신성시되었고 당제를 엄하게 모셨다. "당산나무 근처에 오줌을 누면 꼬치(성기)가 부르튼다"고도 했다. 사람들이 나무에 함부로 하지 못하도록 경책을 삼았던 것이다.

　해마다 당제를 모실 때면 마을에서 깨끗한(부정한 일을 하지 않은) 사람을 선출하여 정월대보름에 마을의 수호신인 팽나무 앞에서 당제를 모시도록 했다. 선출된 제관들은 고개 넘어 계곡에서 목욕하고 물을 길어다 밥을 지어 제사를 올렸다. 당제 때는 돌무더기로 만든 제단에 음식을 해서 바친 뒤 구들장 같은 널돌로 덮어서 눌러두고는 했다. 아마도 다른 짐승이 음식에 입을 대지 못하게 하기 위함이었을 것이다. 당제를 모시는 날은 농악패가 가가호호 방문하고 농악도 울렸다.

하지만 당제가 끝나고 나면 팽나무는 마을 사람들의 안식처였다. 어른들은 나무 그늘에 앉아 쉬고 아이들은 나무를 타고 오르내리며 놀았다. 윗당의 팽나무 그늘은 젊은이들에게 만남의 장소였다. 섬이라 청춘 남녀가 갈 곳이 따로 없으니 나무 아래서 만나 사랑의 꽃을 피우기도 했다. 연애 나무였고, 연애 숲이었다. 당제가 중단된 것이 벌써 50여 년 전이다.

윗당인 할아버지 당은 보호수를 비롯해 팽나무 12그루와 다른 고목나무 8그루 등 20여 그루의 고목이 있는 당숲이다. 할아버지 당 아래 해변도 그림처럼 아름답다. 당사도에도 농토는 많지만, 이제 대부분은 묵히고 양파 농사만 조금 짓는다. 농사가 돈이 되지 않으니 김 양식이 주업이다. 50여 가구가 김 양식을 한다. 여름에는 민어잡이로 수입을 올리기도 하는데, 10여 척의 어선이 7월부터 민어를 잡는다.

어치코 굶겠소, 사람 산 디서

윗당의 팽나무를 찾아가는 길, 팽나무의 내력을 듣기 위해 길갓집에 들렀다. 주인 어르신이 반기며 대뜸 나그네의 끼니 걱정부터 하신다. "밥은 자셨소? 밥 먹고 가시오." 나그네가 섬에 가면 가장 자주 듣는 말이 "밥 먹고 가시오"다. 그래서 나그네는 식당이 없는 섬에 가도 밥을 굶을 일이 없다. 특히 작은 섬, 덜 알려진 섬일수록 인심이 후하다. 모르는 나그네를 재워주고 먹여주던 우리네 전통문화가 가장 잘 남아 있는 곳이 작고 외로운 섬이다.

아침도 걸렀는데 당사도에는 식당도 민박집도 없다. 당연히 밥 먹을 곳이 없다. 마침 양파 수확 철이라 어르신은 품앗이하는 이웃들의 밥상을 차리고 계셨다. 덕분에 나그네도 숟가락을 얹었다. 마른 숭어찜에 머위장아찌, 풀치(어린 갈치)젓, 송어(밴댕이) 회무침, 오이냉국, 갓물김치에 텃밭에서 막 뜯어 온 상추와 밭에서 막 캐 온 양파 등으로 진수성찬이 차려졌다. 이런 귀한 밥상을 또 이리 받다니. 섬 인심이 거룩하다. 마른 숭어찜은 마른 생선찜 중에 으뜸이다. 마른 민어나 농어보다 윗길이다. 말리기 까다로운 생선이 숭어다. 말릴 때 간이 조금이라도 세면 쩌러(절어)서 못 먹는다. 그렇다고 간을 조금 약하게 해서 말리면 곯아버린다. 간을 제대로 해서 말려야 제맛이 난다. 흔해서 우습게 보지만 숭어의 한자 말은 '숭어崇漁', 옛 이름도 '수어秀漁'다. '높은 물고기', '빼어난 물고기'라는 뜻이다. 그러니 얼마나 귀한 생선인가.

어떻게 사람을 굶길 수 있겠느냐며 보살이 차려주신 밥상

머위는 또 얼마나 좋은 약용 음식인가. 머윗대를 아삭하게 삶아 장아찌를 담아냈다. 게다가 한참 제철이라 물이 오를 대로 오른 송어 회무침까지 곁들여졌다. '송어'는 밴댕이의 신안·목포 지역 말이다. 참으로 기막힌 밥상 아닌가. 돈 주고도 사 먹을 수 없는 밥상. 이런 귀한 밥상을 길 가는 나그네가 받았다. 팽나무를 찾아 다시 길을 나서며 안주인께 인사를 드렸다. "아침도 굶고 점심까지 굶는가 했는데 덕분에 너무 잘 먹었습니다. 고맙습니다."

그러자 돌아오는 말씀이 참으로 거룩하다. "어치코 굶겠소, 사람 산 디서." 사람 사는 곳에서 어찌 사람을 굶길 수 있겠느냐. 진정 사람 사는 세상은 그런 곳이어야 한다는 말씀. 그 말씀을 가슴에 새기며 팽나무 할아버지를 찾아간다. 당사도 팽나무들은 올림픽 메달리스트의 꿈을 키워준 나무이기도 하다. 할아버지 당 바로 아랫집에서 올림픽 메달리스트 이보나 선수의 어머니를 만났다. 당사도는 '2004 아테네 올림픽' 사격 종목에서 은메달 1개와 동메달 1개를 딴 이보나 선수의 고향이다. 이보나 선수는 '아시안게임'에서도 메달을 많이 땄다. 할아버지 당 아래 해변에 어머니 최유진 씨가 산다. 작은 섬마을 소녀가 사격으로 세계 2등을 했다.

금메달이 최고라지만 은메달이라고 가치가 덜할까. 무려 세계 2등이 아닌가. 하지만 당사도에 이보나 선수의 공적을 알리는 표식은 없었다. 이보나 선수 어머니는 어린 이보나도 팽나무 아래에서 뛰어놀며 자랐다고 이야기한다. 팽나무는 올림픽 메달리스트라는 꿈을 키워주고 응원해준 할아버지, 할머니다. 당 할아버지, 당 할머니의 보살핌으로 이보나 선수는 결국 올림픽 메달리스트의 꿈을 이루었다. 가난한 집안에 부담을 주지 않기 위해 납부금을 내지 않아도 되는 운동을 하게 되었다는 이보나 선수. 꿈을 키워준 팽나무 아래 이보나 선수를 기억하는 작은 기념비라도 세워지면 좋겠다.

이순신 장군을 숨겨준 섬

당사도는 이순신이 명량해전에서 승리를 거둔 뒤 처음으로 피신을 왔던 역사의 섬이기도 하다. 섬의 뒤꼍 방죽구미(작은 만) 계곡에는 이순신이 물을 마셨다는 샘이 남아 있다. 1597년 9월 16일 『난중일기』에 당사도로 진을 옮긴 이야기가 나온다.

> 이른 아침 망군이 들어와 알리기를 적선이 무려 200여 척이나 명량을 거쳐 곧바로 진치고 있는 곳으로 향해 오고 있다고 했다. (…) 배 위의 사람들은 서로 돌아보는데 낯빛을 잃었다. 나는 '적이 비록 1천 척이라도 감히 우리 배를 바로 잡지는 못할 테니 절대 동요하지 말고 힘을 다해 적을 쏘아라'라고 말했다. (…)

천행天幸이었다. 천행이었다. 우리를 포위했던 적선 30척도 물리치니 적들이 저항하지 못하고 다시는 들어와 범하지 못했다. 이곳에 머무르려고 했으나 물이 빠져 배 대기가 적당하지 않았다. 건너편 포구로 진을 옮겼다가 달빛을 타고 당사도로 옮겨서 밤을 지냈다.

이순신 함대를 숨겨주고 보호해주었던 섬. 당사도 당산나무 보호수 아래 이순신의 여정을 기록한 기념비라도 하나 세워 당사도의 역사적 의미를 되새기면 좋겠다.

2부

섬에는 길이 있다

도둑, 거지, 기와집이 없던 3무의 섬

태안 안면도

지네가 살기 좋은 초가지붕

옛날 제주도는 '삼무도三無島'라고도 했다. 삼다도는 알아도 삼무도는 금시초문인 사람이 많을 것이다. '삼무'는 대문, 거지, 도둑이 없다는 의미다. 제주도만이 아니라 삼무도로 불린 섬이 또 있다, 안면도다. 안면도는 기와집이 없고 도둑과 거지가 없는 삼무다. 도둑과 거지가 없었다는 것이 두 섬의 공통점이다. 이는 제주도와 안면도뿐만이 아니었다. 산업화 이전 대부분은 삼무의 섬이었다.

육지 사람들은 섬을 흔히 폐쇄적이고 고립된 공간이라고만 인식한다. 섬의 공동체 정신을 알지 못해서 생긴 편견이다. 거지가 생기도록 두지 않고 언제나 상부상조하던 곳이 섬이다. 콩 한 쪽도 나눠 먹는 곳이 섬이다. 그래서 큰 부자도 없지만, 거지 또한 없는 곳이 섬이었다. 산업화 이후 섬의 인심도 많이 변하기는 했다. 하지만 제주도를 제외하고는 여전히 노숙자나 걸인이 있다는 섬을 알지 못한다. 공동체성, 육지가 배워야 할 섬의 정신이다.

요새 다리가 놓인 섬 대부분은 육지에서 오는 도둑들 때문에 대문이 생겼다. 하지만 아직도 많은 섬에 담장은 있어도 대문은 없다. 도둑이 없기 때문이다. 담을 쌓고도 대문을 만들지 않는 이유는 경계를 나누되 경계 없이 살자는 공동체의 약속이다. 이 또한 육지가 배워야 할 섬의 정신이다. 공동체성의 회복이야말로 이 시대의 가장 절실한 과제다.

태안군 안면도는 본디 섬이 아니었다. 태안반도와 이어진 내륙이었는데 인조 16년(1638)에 충청관찰사 김육이 세곡선을 비롯한 조운의 편의를 위해 운하를 파서 섬으로 만들었다고 전해진다. 섬이 된 안면도가 내륙과 다시 연결된 것은 350년 만인 1970년대 말이다. 면적이 113.46제곱킬로미터(3432만 1,650평), 해안선 길이가 120킬로미터나 되는 큰 섬이다. 남북은 24킬로미터 길이로, 동서는 5.5킬로미터 길이로 길게 뻗어 있다. 북쪽의 국사봉(높이 107미터)을 제외하면 대체로 100미터 이하의 낮은 구릉과 평지로 이루어져 있다.

'안면安眠'이란 '편히 잔다'는 뜻인데 숲이 무성해 조수가 편안히 누워 쉴 수 있는 땅이라는 의미도 있다. 조수뿐이겠는가. 사람 또한 안식을 얻은 땅이었다. 그래서 '크게 편안한 땅'이라는 뜻을 지닌 '태안泰安'과 안면은 상통한다. 안면도는 아름다운 백사장과 '안면송'이라는 고유한 이름의 소나무가 있는 풍요의 섬이다.

안면도 사람들의 인심 또한 순후해 섬에는 도둑과 거지가 없었다. 한국전쟁 때 피란민들이 들어와서도 굶주리지 않고 정착할 수 있었던 것 또한 콩 한 쪽도 나눠 먹던 안면도의 인심과 도끼 한 자루만 있으면 살 수 있을 만큼 울창한 산림 덕이었다. 과거에는 숲이 에너지의 주유소였으니 가능한 이야기다. 지금은 관광지가 되면서 인심도 많이 바뀌었다.

안면도에 기와집이 없는 것은 부자가 없어서가 아니라 금기 때문이었다. 안면도는 섬의 모양이 지네처럼 생겼다. 그런데 안면도 남쪽의 '원산도'는 닭 모양이다. 두 섬은 오래전부터 경쟁 관계였던 모양이다. 자기 섬에 대한 자긍이기도 할 터다.

지네와 닭은 상극이다. 실상 지네는 닭에게 좋은 먹잇감에 불과하지만 닭이 바닥에서 자면 지네가 닭의 항문으로 들어가 내장을 다 파먹는다는 속설이 있기도 하다. 아무튼 안면도를 지네의 섬으로 생각한 안면도 사람들은 지붕에 기와를 올리면 지네가 모두 깔려 죽고 만다고 생각해 지네가 살기 좋은 초가로만 지붕을 올렸다. 지네가 모두 죽으면 원산도에 지고 만다는 믿음 때문이었다. 아무리 속설이라도 독충인 지네를 좋아할 사람이 누가 있겠는가. 뱀처럼 지네 또한 두려

끝도 없이 이어지는 안면도 해변 길은 축복이다.

움의 대상이었고 그래서 민간 신앙의 대상이 되기도 했을 것이다. 거기서 유래된 전설이 아닌가 싶다.

솔바람 일렁이는 노을길을 따라

태안에는 원북면에서 고남면까지 7개 구간, 97킬로미터의 '태안해변길'이라는 생태탐방로가 있다. 또 태안군에서 천리포 위 구간에 조성한 만대항에서 이원방파제를 거쳐 내려오는 솔향기길 4개 구간, 42.5킬로미터를 합하면 태안의 트레일은 140킬로미터에 이른다. 오늘은 안면도에 있는 태안해변길 5코스 노을길을 걷는다. 안면읍 백사장항에서 꽃지 해변까지 12킬로미터에 이르는 트레일은 내내 소나무 숲과 모래 해변을 따라 나 있어 태안해변길 중 백미로 꼽힌다.

코스의 시작점인 백사장항은 안면도의 대표적인 어항이다. 봄부터 여름까지는 꽃게잡이로, 가을부터는 대하잡이로 성황을 이룬다. 연휴나 축제 기간에는 발 디딜 틈 없이 붐빈다. '백사장항'이라는 지명은 〈청구도〉, 〈대동여지도〉 등에는 '백사정白沙汀'으로 기록되어 있으나 〈1872년 지방지도〉에는 '백사장白沙場'으로 기록되면서 현재까지 이어지고 있다. 백사장항과 건너편 드르니항 사이 바다 위로는 인도교가 놓여 있다. '드르니'라는 어여쁜 지명은 '들르다'라는 우리말에서 비롯되었다. 어선들이 드나드는 곳이라 해서 그런 이름이 생겼다고 전해지는데 일제강점기에 '신온항'으로 바뀌었다가 2003년에 원래의 이름을 되찾았다.

백사장항 주변은 몰려든 관광객과 횟집의 호객 소리로 요란스럽다. 저 호객꾼들의 행태는 좀처럼 고쳐지지 않는 병폐다. 호객꾼들 때문에 어항의 풍경을 차분히 둘러볼 수가 없다. 횟집마다 새우튀김이며 꽃게튀김을 수북이 쌓아놓고 파는데 하나쯤 사 먹고 싶은 유혹을 떨치고 서둘러 난장판을 빠져나간다. 소나무 숲 입구를 따라 노을길이 시작된다. 어린 소나무들은 육송인 안면송이 아니라 곰솔이라 아쉽지만 그래도 솔향은 청량하기 그지없다. '곰솔'은 잎이 곰 털처럼 거칠다 해서 붙여진 이름이다. 바닷가에서 잘 자라 '해송'이라고도 하고 줄기가 검어 '흑송'이라고도 한다.

소나무 숲 곳곳에는 야영을 하는지 텐트가 많다. 15분 남짓 숲을 빠져나오면 흰 모래 해변이다. 사람들은 텐트 안에서 고기를 굽고 술을 마시거나 낮잠을 잔다. 또 더러는 해변에 나가 낚시를 하거나 고동을 줍거나 물에 발을 담그고 논다. 그 또한 자연을 즐기는 방법이지만 이 좋은 숲길을 걷는 사람이 많지 않다는 점은 아쉽다. 이 길에 온 사람들이 걷지 않는 이유는 무얼까. 길을 걷는 것 또한 의무나 과제처럼 생각하기 때문이 아닐까. 그래서 끝까지 완주하지 못할 바에야 시작조차 하지 않겠다는 것이 아닐까. 일부라도 산책하며 소요할 생각은 왜 하지 않는 걸까.

이 길은 목적지가 없다. 시작과 끝을 표시한 것은 하나의 이정표에 지나지 않는다. 시작도 시작이 아니고 끝도 끝이 아니다. 내가 시작하고 내가 끝내는 지점이 시작이고 끝이다. 나의 길만이 있을 뿐이다. 그러므로 길의 목적지는 길 자체다. 길에 속박된다면, 완주 같은 것이 오로지 길을 걷는 이유라면 이 길은 도그마(독단적인 신념이나 학설)에 지나지 않을 것이다. 그러므로 길에 나와서는 과제하듯 업무하듯 걷는 태도가 바뀌어야 좋을 듯하다. 걸을 수 있는 만큼만 걸으면 그뿐이다. 완주를 강요하는 길 따위는 애초부터 만들지 않는 편이 낫다.

　얼마나 걸었을까. 해변을 지나던 길이 어느새 다시 소나무 숲으로 이어진다. 숲 곳곳에는 죽은 소나무가 쌓여 있다. '비오톱Biotope'이다. 비오톱이란 특정한 식물과 동물이 하나의 생활공동체를 이루어 지표 상에서 다른 곳과 명확히 구분되는 생물서식지를 말한다. 태풍 피해목을 이용하여 야생동물이나 벌레 들이 거처할 수 있는 보금자리를 만들어준 것이다. 나무들은 죽어서도 다른 목숨을 살린다. 길은 또 어느새 창기리 해변으로 접어든다. 이 해변의 명물은 삼봉이다. 삼봉은 하나의 작은 바위산인데 3개의 봉우리가 나란히 서 있는 것처럼 보인다 해서 붙여진 이름이다. 작은 산이지만 삼봉이 있어 창기리 마을은 앞바다의 갈마섬, 곰섬, 거아도, 지도, 뒷섬, 삼섬 등의 무인도와 함께 절경을 이룬다. 삼봉 근처에는 삼봉자율관리공동체에서 세운 수자원 보호를 위한 입간판이 서 있다. "어린 꽃게를 잡지 맙시다." 6.4센티미터 이하의 어린 꽃게를 잡지 말라는 의미다.

하지만 선주들은 당장의 이익에 눈이 멀어 어린 꽃게와 물고기를 마구 잡아들인다. 탐욕은 눈을 멀게 한다. 그것이 결국은 제 발등을 찍는 일이라는 걸 모른다. 칠산어장과 연평어장에서 조기의 씨가 마른 것이 그 때문이고 굴업도와 덕적도 연안어장에서 민어가 사라진 것 또한 그 때문이다. 마구 잡아들인 결과 한때는 연안어장의 꽃게도 씨가 마른 적이 있었다. 다시 꽃게도 조기도 잡히지만 지금처럼 탐욕스러운 남획이 계속된다면 이들 또한 연안 바다에서는 더 이상 찾아보기 힘들 것이다.

작은 꽃게를 뜻하는 '사시랭이'라는 말이 재밌다. 대체로 표준어라는 것들은 밋밋하고 재미가 없다. 지역에서 쓰는 다양한 언어들을 거세해버리기 때문이다. 우리가 알고 있는 물고기 이름은 서울말일 뿐이다. 삼치라고 다 삼치가 아니다. 도시 사람들이 삼치라고 알고 먹는 것은 삼치 새끼다. 무게가 3킬로그램 이상은 되어야 삼치라 한다. 삼치 새끼는 '고시'라 부른다. 도미 새끼는 '상사리', 농어 새끼는 '껄떡', 민어 새끼는 '통치'. 어류는 크기에 따라 지역에 따라 이름도 제각각이다. 그러므로 표준말이라는 언어 정책은 살아 있는 언어를 죽이는 언어 말살 정책에 다름 아니다. 지역을 다니다 보면 아직도 살아 있는 우리말을 채집하는 재미가 솔찬하다. '솔찬하다'는 무슨 뜻일까. 한번 짐작해보라.

물을 주는 생명의 사막, 사구

"가도 가도 황톳길"을 노래하던 한하운의 시가 생각나는 길이다. 이곳은 가도 가도 솔밭길, 가도 가도 모래사막 길이다. 길은 갈수록 깊어지고 고요해진다. 이 길이야말로 평화에 이르는 지름길이다. 기지포 해변의 소나무 숲 앞으로는 해안 사구沙丘가 잘 발달해 있다. 2002년부터 훼손되었던 곳을 다시 복원한 해안 사구다. 사구는 모래가 쌓여 만들어진 언덕이다. 해안 사구에는 갯그령, 갯메꽃, 갯방풍, 모래치기, 순비기나무, 좀보리사초, 통보리사초, 해당화 등 다양한 사구 식물이 살아간다. 사구 식물은 연약해 보여도 뿌리가 깊이 뻗어 수분과 양분을 흡수해 튼튼하게 잘 살아간다. 몸에 털이 있거나 코팅이 되어 있어 염분에도 잘 견디고 수분이 마르는 것을 방지한다. 살아남기 위한 식물의 지혜다.

푸르른 사구와 거기서 터 잡고 살아가는 식물들을 보며 걷는 것도 이 길의 또 다른 즐거움이다. 해안 사구의 중요성은 사구 식물들의 서식지이기 때문만은 아니다. 해안 사구는 국토의 피부다. 우리의 피부가 외부의 자극으로부터 살을 지켜주듯 육지와 바다의 경계에서 국토의 유실을 막고 보호해준다. 또 지하수 저장고 역할을 해 바닷물의 유입을 차단하고 배후지역에 농업용수와 생활용수를 공급한다. 사구가 있어 해안에도 숲이 형성될 수 있고 사람들이 거주하며 농사를 짓고 살아갈 수 있다. 특이한 경관을 연출해 관광자원으로서 가치도 크다.

밧개 해변의 보물은 독살이다. '돌살', '돌발', '석방렴', '원담' 등 지역마다 다른 이름으로 불리기도 하는 독살은 밀물과 썰물의 원리를 이용해 만든 함정 어법인데 돌 그물인 셈이다. 해안이나 섬에는 예전부터 많은 독살이 있었지만 지금은 거의 사용하지 않아 원형이 훼손되었다. 하지만 이 밧개 해변의 독살은 현재까지도 사용하기 때문에 의미가 더 깊다. 밧개 해변의 산길을 넘어서면 두에기 해변이다. 안면도의 해변 중에서도 가장 작은 해변이다. 택시기사의 말에 따르면 음침한 기운이 돈다 해서 섬사람들도 잘 가지 않는 해변이란다. 기사도 어째서 음침한지 그 이유는 잘 모른다. 무얼까, 생애의 그늘처럼 정체 모를 해변의 어둠은.

노을길의 끝은 방포항 건너 꽃지해수욕장 입구다. 이 해변의 상징은 할미 바위와 할아비 바위다. 여느 해안이나 섬에도 깃들어 있듯이 이 바위 또한 슬픈 전설을 품고 있다. 안내판에 바위의 내력이 기록되어 있다. 1,200여 년 전, 신라 42대 흥덕왕 4년(838)에 해상왕 장보고가 지금의 청해진을 기점으로 북으로는 장산곶, 중앙부로는 견승포(안면도 방포)를 기지로 삼고 기지사령관으로 승언이라는 사람을 두었다고 한다. 승언에게는 사랑하는 아내 미도가 있어 함께 행복하게 살았다.

어느 해 승언이 해상 전쟁에 나갔다가 돌아오지 않으니 아내 미도는 2년 동안이나 날마다 바닷가에 나가 승언을 기다렸다. 그러던 어느 날 결국 이 바위 앞에서 지쳐 쓰러져 죽음을 맞이했다. 그 뒤 이 바위는 미도가 남편을 기다리며 멀리 바라보고 서 있던 모습으로 변했다. 수년 후 승언은 구사일생으로 돌아왔으나 아내 미도가 자신을 기다리다 죽었다는 사실을 알고 애통해하다가 그 옆에서 죽었다. 그 뒤 승언 또한 바위가 되니 사람들이 이 바위를 '할미 바위'와 '할아비 바위'라고 부르게 되었다. 그리고 지금의 '승언리'라는 지명도 승언이의 슬픈 전설에서 유래된 것이다. 할미 바위와 할아비 바위 사이로 해가 진다. 이제부터 밤은 온통 안면安眠의 시간이다.

걷기 천국
울릉도

울릉도

전천후 여객선으로 편해진 뱃길

이것은 신세계다, 전천후 여객선 하나가 바꾼 섬 여행의 신세계. 2021년 전천후 여객선 취항 이후 울릉도 뱃길은 섬 주민뿐만 아니라 여행자에게도 엄청난 축복이었다. 1만 1천 톤급 전천후 여객선 취항으로 울릉도 뱃길의 가장 큰 걱정거리였던 뱃멀미가 사라졌다. 작은 배를 탔을 때는 조금만 파도가 쳐도 멀미 때문에 몇 시간을 구토에 시달려야 했다. 여행이 아니라 지옥이었다. 이제 그 지긋지긋한 뱃멀미에서 해방되었다.

배가 뜨지 못할지도 모른다는 불안감도 없어졌다. 그동안은 입도 날짜를 잡아놓고도 배가 못 뜰까 걱정, 들어가서도 배가 안 떠서 못

나올까 걱정, 결항 걱정 때문에 울릉도 여행을 선뜻 계획하기 어려웠다. 전천후 여객선은 풍랑주의보가 내려도 뜨기 때문에 입도와 출도에 대한 불안감이 사라졌다. 게다가 배가 워낙 커서 풍랑주의보에도 거의 흔들리지 않고 멀미 없이 탈 수 있다. 이번 울릉도 여행길에도 풍랑주의보가 내려 작은 여객선은 운항이 통제되었지만, 전천후 여객선은 문제없이 떴다. 작은 여객선 승객이 발을 동동 구르며 하루 동안 묶여 있을 때 전천후 여객선 승객은 무사히 섬을 빠져나갔다.

선상에서의 이동도 자유롭다. 작은 배는 출항하는 순간 밀폐된 공간에 갇혀서 꼼짝도 할 수 없다. 섬 여행길인데 바다를 구경하며 오갈 수 없다. 갇혀 있으니 답답하고 뱃멀미도 더욱 심하다. 하지만 전천후 여객선은 선내에 식당, 편의점, 노래방까지 있어 운항 중에도 이용할 수 있고 선실 밖 갑판까지 자유롭게 드나들며 망망대해의 풍경을 구경할 수 있다.

가장 압권은 헬기장이 있는 옥상 갑판에 올라 내내 바다를 바라보며 이동할 수 있다는 점이다. 밀폐된 작은 여객선에서는 보기 힘든 울릉도의 전경도 볼 수 있다. 갑판에서는 동서남북 바다를 한번에 보며 지구가 둥글다는 것을 눈으로 확인할 수 있다. 우주여행을 가지 않아도 둥근 지구를 볼 수 있다는 것은 전천후 여객선이 주는 크나큰 선물이다. 또 대한민국에서 가장 먼저 일출을 볼 수 있다. 심야에 출항해 야간 운항을 하니 침대에서 편안히 자고 일어나면 새벽녘에 울

울릉도 삼선암과 한통속이 아니라고 이름도 딴섬이다.

릉도에 도착해 선상 일출을 볼 수 있는 것이다. 이보다 더 큰 여행 선물이 어디 있을까.

걷기 좋은 울릉도

울릉도 여행자 대부분은 관광버스로 섬을 둘러본다. 하지만 울릉도에는 걷기 좋은 길이 많다. 걸어야 울릉도를 제대로 볼 수 있다. 울릉도의 '해담길'이 대표적이다. 2017년 울릉군에서 울릉도의 옛사람이 다니던 옛길을 발굴해 만들었다. 해담길은 '울릉도의 이른 아침 밝은 해가 담긴 길'을 뜻한다. 해담길은 울릉도의 관문인 도동항을 출발해 저동, 천부, 태하, 옥천 등을 거친 뒤 해안 둘레를 따라 다시 도동으로 돌아오는 35킬로미터 길이의 트레일이다. 모두 9개 코스로 구성되었다. 지형적 문제 때문에 길은 완벽하게 하나로 연결되지 못하고 부분부분 단절되어 있기도 하다. 해담길은 아니지만, 해담길과 연계해 걸으면 좋을 만한 길도 있다. 길이란 온전히 걷는 자의 몫이다. 스스로 개척해 걸을 때 비로소 자신만의 길이 된다.

울릉도의 어선들은 저동항으로 입항하고 정박한다. 그래서 저동은 울릉도에서도 가장 어촌다운 정취가 묻어나는 곳이다. 울릉도 어선뿐 아니라 동해안에서 조업하는 모든 선박의 피난처이기도 하다. 저동항은 동해 어업 전진 기지로 만들어졌다. 저동은 본래 모시 잎이 많

울릉도는 걷기 천국이다. 걸어야 울릉도의 속살을 볼 수 있다.

아 '모시개'라 했는데 한자로 표기하면서 '모시 저苧' 자를 써서 '저동苧洞'이 되었다. '개'는 바닷가를 이르는 한글 말이니 저동은 '모시가 많은 바닷가 마을'이라는 뜻이다. 저동의 내수전에서 석포에 이르는 길은 울릉도에서 가장 아름다운 트레일로 꼽힌다. 내수전은 옛날 울릉도 개척 당시 제주도 대정 출신의 김내수라는 사람이 화전을 일구고 살았다 해서 붙여진 이름이다. 내수전일출전망대 입구는 갈림길이다.

내수전일출전망대에 올랐다가 되돌아 내려오면 석포로 가는 숲길이 이어진다. 또 한동안 길을 가다 보면 느닷없이 쉼터가 나타난다. 지금은 사람이 살지 않는 정매화골이다. 옛날 개척민 중 정매화라는 이가 살던 골짜기라 해서 붙여진 이름이다. 정매화가 살다 간 뒤 이곳은 1962년 9월부터 이효영 씨 부부가 삼 남매와 살았다. 이씨 일가는 1981년까지 19년을 이 외딴 골짜기에서 살았는데 이 씨 부부의 이름이 남은 것은 그들이 이곳에 살면서 폭설, 폭우에 조난당하거나 굶주림에 지친 사람을 300여 명이나 구조한 미담이 있기 때문이다. 길의 끝자락에서 울릉읍 저동을 벗어나면 울릉도의 북단, 북면 지역이다. 북면 석포마을에는 안용복기념관과 독도의용수비대기념관, 석포일출일몰전망대 등 볼거리가 많다. 일주도로 터널이 뚫리기 전까지 석포는 울릉도의 오지였다. '정들포', '정들께'라고도 불리는 데는 이유가 있었다. 워낙 험한 산속이라 처음 찾아왔을 때는 막막하지만 막상 떠나려면 정이 들어 떠나기 힘들 정도로 정이 많은 산마을이었다. 그래서 정들포다.

독도를 지켜내고도 유배를 간 안용복

석포일출일몰전망대는 독도의용수비대기념관과 붙어 있는데 러일전쟁 때 일본군의 망루 역할을 했다. 안용복기념관은 왕조가 버린 섬을 지키기 위해 고군분투했던 안용복(1658~?)을 비롯한 백성들의 업적을 기리기 위해 지은 건물이다. 안용복은 홀로 일본에 건너가 "죽도(울릉도)와 자산도(독도)는 일본 땅이 아니기 때문에 일본 어민들의 출어를 금지시키겠다"는 막부의 서계書契를 받아냈다. 하지만 이후 일본인들은 이 약속을 지키지 않고 불법 월경해 울릉도 근해에서 조업을 계속했다. 안용복은 조정의 관원으로 위장한 뒤 2차 도일을 감행해 담판을 짓고 돌아오려 했으나 실패하고 송환되었다. 조선 조정은 그런 안용복에게 상을 주기는커녕 사형을 시키려다가 감형해 귀양을 보냈다. 유배 이후 안용복의 행적은 알려진 바가 없다. 슬픈 역사다.

나리분지는 울릉도의 유일한 평지다. 동서 길이는 약 1.5킬로미터, 남북 길이는 2킬로미터 남짓 된다. 나리분지는 1만 5천~2만 년 전 일어난 화산 폭발 당시 칼데라 화구가 함몰해 형성된 성인봉(높이 984미터) 북쪽의 화구원火口原이다. 면적은 198만 제곱미터(59만 8,950평)다. 알봉마을 분지까지 포함하면 330만 제곱미터(99만 8,250평)다. 북동쪽의 평지인 나리분지에 나리마을이, 남서쪽의 평지인 알봉분지에 알봉마을이 있다. 지금은 알봉분지에 주민이 살지 않고 나리분지에만 산다. 개척 초기부터 개척민이 들어와 농사를 짓고 살았지만 땅이 척박해 농사가 잘되지 않으면 근방에 널려 있던 섬말나리를 캐 먹으며 굶주림을 면했다. 그래서 마을 이름이 나리마을이 되었다. 나리분지는 울릉도 여행객의 필수 코스다. 알봉(높이 611미터)은 화구안의 산, 이중 화산으로 형성된 까닭에 분화구 안에 하늘이 낳은 알처럼 둥그렇게 놓여 있다. 그래서 이름도 알봉이다. 알봉의 둘레를 한 바퀴 돌 수 있는 알봉 둘레길은 5.5킬로미터. 경사가 거의 없는 평탄한 길이라 가벼운 마음으로 산책하듯 걷기 좋다.

나리분지와 알봉분지에서는 개척민이 살았던 너와집과 투막집도 볼 수 있다. 하지만 이 길의 백미는 알봉 둘레길에서 살짝 벗어나 오르면 만날 수 있는 깃대봉이다. 나리분지에서 깃대봉까지는 4.4킬로미터. 5분 남짓 가파른 길을 오르면 그다음부터는 평탄한 길이다. 정상 부근에서 길은 잠시 가파르지만 정상에 올라서면 갑자기 탄성이 절로 나온다. 사방으로 탁 트인 시야, 나리분지의 전경과 말잔등, 미륵산, 성인봉, 옥녀봉을 비롯한 봉우리와 공암, 노인봉, 대풍감, 송곳봉 등의 비경이 파노라마처럼 펼쳐진다. 울릉도의 정수를 온전히 조망할 수 있는 산봉우리다. 가장 높다는 것을 제외하면 성인봉도 깃대봉의 풍경에는 고개를 숙일 수밖에 없다.

현포마을에서 현포령을 넘어 태하마을로 이어지는 길도 좋다. 이 일대는 울릉도의 고대 왕국인 우산국의 도읍지였을 것으로 추정된다. 그래서 고분이 많이 남아 있다. 현포는 '가문작지'라고도 한다. 이 마을의 수문장은 노인봉과 촛대바위다. 산 중턱의 촛대바위 그림자가 바다에 비추면 바닷물이 검게 보인다 해서 '가문작지'라 했다는 지명 유래가 있다. 현포항의 상징은 노인봉(높이 200미터)이다. 우뚝 솟아오른 암벽의 주름이 노인의 주름 같아서 '노인봉'이라 했다고 전한다. 하지만 주름까지는 모르겠고 언뜻 보면 등이 굽은 노인이 서 있는 듯하다. 일주도로와 해안도로 사이 밭 가운데 현포 고분군이 있다. 깜빡 방심하면 놓치기 쉽다. 경상북도 기념물 제73호, 울릉도의 고대 무덤인 고분을 이 지역 사람들은 '고려장'이라 불렀다. 늙으면 부모를 버렸다던 고려장이라는 이름이 어찌 여기까지 따라온 것일까. 연유는 알 수 없으나 울릉도에서 고려장이란 막연히 옛날 무덤이란 뜻으로 쓰인다. 고분을 둘러보고 나오면 길은 다시 울릉도·독도해양연구기지 앞으로 이어진다. 동해안 해양 연구의 첨병이다. 기지 앞에는 아담한 몽돌 해변이 있다.

길은 다시 기지 건물 뒤편 숙소 동 옆에서 이어진다. 순환도로로 나서면 현포전망대가 있다. 현포항, 노인봉, 추산, 대풍감까지 탁 트인 전망을 선사한다. 태하로 가는 샛길에 태하리 광서명각석문 안내판이 있다. 바위에 글을 새겼다는 각석문은 울릉도 개척기의 기록이다.

어른들에게 죽음을 당하고 신이 된 소년과 소녀

태하에는 울릉도의 가장 오래된 신당인 성하 신당이 있다. 오랜 세월 태하마을 주민들은 매년 삼월삼짇날이면 성하 신당에서 당제를 모셨다. 태종 16년(1416), 만호 벼슬을 지낸 삼척 사람 김인우는 울릉도 안무사安撫使(토벌대장)로 임명되어 전함 2척을 이끌고 울릉도 황토구미에 정박한 뒤 섬사람을 샅샅이 잡아들였다. 뭍으로 귀항하기 전날 밤, 김인우의 꿈에 동해의 해신海神이 나타나 어린 소년과 소녀 1명씩을 두고 가라고 명했다. 하지만 김인우는 해신의 명을 무시하고 배를 출항시켰다. 유학을 신봉하던 김인우에게 해신 따위는 안중에도 없었다. 배가 돛을 올리자 거센 풍랑이 일어 앞으로 나아갈 수 없었다. 며칠이 지나도 바람은 멈추지 않았다.

그러던 어느 날 김인우는 문득 소년과 소녀를 두고 가라던 꿈이 생각났다. 김인우는 섬사람들을 배에 태운 뒤 어린 소년과 소녀 1명씩을 뽑아 심부름으로 자신이 머물던 집에 가 필묵을 가져오라고 했다.

아이들이 배에서 내리자 김인우는 돛을 올리고 출항을 명했다. 바람은 이내 잠잠해졌다. 뭍으로 돌아온 뒤에도 김인우는 늘 그때의 일이 마음에 걸렸다. 몇 해 뒤 조정에서 다시 그에게 안무사를 명했다. 김인우는 울릉도에 도착해 전에 그가 머물던 거처를 찾았다. 그곳에는 서로 꼭 껴안고 죽은 소년과 소녀의 백골이 있었다. 김인우는 그곳에 사당을 짓고 소년과 소녀의 상을 모셨다. 울릉도 황토구미에 있는 성하 신당의 내력이다.

성하 신당에 깃든 이야기는 실화와 전설이 뒤섞여 있다. 신당 안에는 섬에서 흔히 볼 수 있는 장군 신이나 용왕 신이 아니라 동남·동녀 신이 모셔져 있다. 성하 신당의 비극적 설화는 제주 마라도 할망당의 '애기업개' 설화나 흑산도 진리당의 '피리 부는 소년' 설화와 서사 구조가 유사하다. 세 설화 모두 뱃길을 막는 풍랑을 잠재우기 위해 소년이나 소녀를 제물로 바친다. 아이들을 제물로 삼기 위해 어른들은 모두 동일한 간계를 부린다. 두고 온 물건을 가져오라고 심부름을 보낸 뒤 배를 몰고 떠나는 것이다. 마라도의 소녀와 흑산도의 소년, 울릉도의 소년과 소녀는 모두 외로움과 굶주림에 지쳐 숨을 거두고 사후에는 신당에 신으로 모셔진다. 성하 신당, 밀랍으로 빚어진 동남·동녀 상은 실물처럼 생생하다. 그들의 원혼이 상에 깃들기라도 한 것처럼.

토벌대장을 기리는 기이한 역사관

울릉도는 조선시대 말까지 백성의 거주가 금지되었다. 백성의 공식 입주가 허가된 것은 1883년이다. 그전까지 울릉도에 사는 것은 불법이었다. 조선시대 초에는 많은 섬에서 백성의 거주를 금지시켰고 섬들은 국영 목장이나 수군 기지로 활용되었다. 임진왜란 후 다시 섬에 거주할 수 있게 되었지만 울릉도는 조선왕조 말까지 금지되었다. 그래서 조정에서는 수시로 관리를 보내 울릉도를 수색하고 숨어 사는 이들을 내륙으로 쇄환했다. 이 관리를 '수토사搜討使'라 했다. 안무사도 같은 역할을 했다. 『조선왕조실록』에는 소년과 소녀를 제물로 바쳤던 김인우에 대한 기록도 전한다.

> 태종 16년 9월 2일 임금은 삼척 사람 김인우를 무릉武陵 등지 안무사로 삼았다. 무릉은 울릉도다. 김인우가 아뢨다.
> "무릉도가 멀리 바다 가운데에 있어 사람이 서로 통하지 못하기 때문에 군역軍役을 피하는 자가 혹 도망하여 들어갑니다. 만일 이 섬에 주접住接하는 사람이 많으면 왜적이 끝내는 반드시 들어와 도둑질하여, 이로 인하여 강원도를 침노할 것입니다."

수토사, 안무사 등이 머물러 사는 사람을 샅샅이 잡아들였던 것을 '쇄환 정책'이라 했다. 조정에서 울릉도에 주민의 거주를 금지시킨 것은 주민이 살게 되면 왜구의 근거지가 되거나 왜구와 결탁할 수 있다고 판단했기 때문이다. 하지만 내륙의 백성들은 가혹한 조세 수탈과 부역, 군역 등을 피해 섬으로 숨어들었다. 살기 위해 도망친 것이다. 조정에서는 울릉도에 들어가 사는 사람들을 사형 등의 가혹한 형벌로 다스렸다. 『세종실록』 83권, 세종 20년(1438) 11월 25일(을사) 첫 번째 기사에 그 내용이 담겨 있다.

"김안이 수모首謀가 되어서 무릉도茂陵島로 도망해 들어갔사오니, 율이 마땅히 교형에 처하는 데에 해당하옵고, 그 밖의 종범從犯은 모두 경성鏡城으로 옮길 것을 청하옵니다." 하니, 그대로 따랐다.

섬에 숨어 사는 이 중 주동자는 사형시키고 나머지는 관노비로 삼을 정도로 처벌이 가혹했다. 섬에 산다는 이유만으로 중죄인이 되던 시절을 울릉도는 지나왔다. 처벌이 가혹했지만 그래도 뭍에서 살기 힘든 사람들은 자꾸 섬으로 숨어들었다. 섬 주민 거주 금지 정책은 임진왜란을 전후해서 대부분 풀렸다. 전쟁으로 피폐한 국가의 재정을 위해 섬의 개간을 통한 세수를 확보하는 것이 목적이었다. 하지만 울릉도, 욕지도, 금오도처럼 왜와 가까운 섬은 19세기 후반까지도 거주가 금지되었다.

수토사나 안무사가 드나들던 태하마을에는 울릉수토역사전시관이 있다. 수토사들의 쇄환 정책 역사를 모아둔 박물관이다. 섬을, 울릉도를, 독도를 지킨 것은 좌수영의 천한 노꾼 출신 안용복 같은 이나 죽음을 무릅쓰고 울릉도로 들어가 산밭을 일구어 농사를 짓고 해산물을 채취해 먹고살던 백성이었다. 1883년 7월 16일 공식적으로 입도한 개척민은 16가구, 54명이었고 이미 살고 있던 선주민은 141명이었다. 그 후예가 울릉도에 살고 있다. 그런데 울릉도를 지킨 백성을 기리는 기념관이 아니라 토벌대를 기리는 역사관이라니 참으로 기이하지 않은가. 관의 수탈을 피해, 또 먹고살기 위해 섬으로 숨어들어 살았던 사람들을 수색하고 조사해서 잡아들여 형벌을 받게 한 이들이 수토사고 안무사다, 울릉도 주민 토벌대장이다. 울릉도의 주인공은 수토사가 아니다, 섬에 살았던 백성이다. 그러므로 울릉수토역사전시관은 수토사가 아니라 울릉도를 지켜온 백성을 기억하는 역사관으로 바뀌어야 마땅하지 않을까. 태하마을을 지나 해담길을 걷는 내내 생각이 떠나지 않는다.

통영은 경상도가 아니었다

통영 미륵도

통영은 맛있다

맛의 고장, 전라도 태생인 내가 처음 경상도 통영에 매혹된 것은 오로지 음식 때문이었다. 통영이 전라도 음식에서 발견되던 '개미진' 맛의 유전자가 경상도에도 있다는 사실을 알려주었기 때문이다. "경상도 음식은 맛없다"라는 편견을 깨뜨린 도시 통영. 특히 해산물 요리에 관한 한 통영은 이 나라 으뜸이다. 그중에서도 겨울 통영의 맛은 극상이다. "통영은 맛있다"는 찬탄이 절로 나올 정도다. 골목으로 들어서면 아직 8천 원짜리 회 정식을 파는 집이 있고 뚝배기 하나를 시켜도 생굴이나 멸치 회무침 등이 반찬으로 나온다.

그중에서도 압권은 역시 '다찌집'이다. 다찌집이란 술을 시키면 안주는 그날그날 주인 마음대로 내주는 선술집이다. 정확한 어원은 알 수 없지만 선술집을 뜻하는 '다찌노미'라는 일본 말에서 유래했다는 설이 유력하다. 아무튼 관광객이 아닌 지역 사람들이 애용하는 다찌집을 잘만 찾아가면 겨울에 맛볼 수 있는 거의 모든 해산물을 한 상에서 받아볼 수 있다. 그것도 이미 만들어놓은 식은 음식이 아니다. 그 자리에서 해주는 대면 요리다. 최근에 자주 가는 단골 다찌집에서 헤아려보니 회를 포함한 싱싱한 날것의 수만 11가지나 되었다. 방어, 전복, 멍게, 호래기, 개불, 피조개, 오징어, 참소라, 굴, 해삼, 해삼내장. 통영이 아니면 불가능한 상차림이다. 시금치나 몰(모자반) 등의 나물류도 더없이 맛깔스럽다. 개조개 유곽이나 해물 잡채 등 통영이 아니면 맛볼 수 없는 진귀한 요리도 나온다. 경상도 음식을 얕잡아 보던 전주나 목포 사람들도 통영 다찌집 음식을 한번 맛보고 나면 엄지를 치켜든다.

통영 음식이 유독 맛있는 이유는 무엇일까. 그것이 궁금해서 나 그네는 통영을 연구하기 시작했고 그 결과물로 『통영은 맛있다』(생각을담는집, 2013)라는 제목의 책까지 냈다. 처음에는 통영 음식이 특별히 맛있는 이유를 물어봐도 속 시원하게 답해주는 통영 사람이 없었다. 조선시대 높은 벼슬아치가 통영을 다스렸기 때문에 한양에서 궁중 음식 문화를 가져온 것이 이유가 아니겠느냐 짐작할 뿐이었다. 납득이 되지 않았다. 그렇다면 왕이 살았던 서울의 음식이 가장 맛있어야 하지 않겠는가. 같은 고위직이 다스리던 다른 지역도 다 맛있어야 하지 않겠는가. 그런데 서울 음식은 맛있다는 소리를 들어보지 못했다. 그래서 통영 맛의 근원을 파헤쳤다.

결론은 두 가지다. 하나는 조선시대 내내 통영은 경상도가 아니었다는 점이다. 또 하나는 삼도수군통제영의 본영이 있던 통영은 어느 지역보다 물산이 풍부했다는 점이다. 맛이란 물질적 풍요에서 나온다. 전라도의 음식문화가 발달한 이유는 배후에 호남평야나 나주평야 같은 곡창 지대가 있었기 때문이다. 배 채우기 급급하면 맛을 따질 여유가 없다. 요리가 발달할 수도 없다. 부富가 있어야 요리도 발달한다. 아무리 맛있는 도미라도 맨날 구워 먹기만 하면 질린다. 그래서 도미의 배를 가르고 소고기와 채소를 다져 넣고 삼색 지단을 올린 뒤 쪄내는 도미찜이 나오는 것이다. 그렇게 음식문화가 시작되는 것이다.

통영은 조선시대 수군 3만 명 이상이 주둔한 최고의 군사 도시였다. 군수물자가 넘치니 물산이 풍요로울 수밖에 없었다. 심지어 정조 임금 때는 화폐를 발행하는 주전소까지 있었다. 주전골이 그곳이다. 게다가 통영은 1602년 공사를 시작해 만들어진 신도시였다. 임진왜란 직후 여수에 있던 삼도수군통제영이 통영 땅으로 옮겨 오면서 전라도 출신 군사가 대거 이주해 왔고 여기에 경상도와 충청도 지역 병사까지 합류했다. 군수품을 조달하는 12공방工房을 만들면서 8도에서 가장 뛰어난 장인을 불러왔다. 또 전국 각지의 상인이 군수품을 조달하기 위해 통영으로 몰려와 살았다. 경상도 땅에 생긴 도시에 전라도를 주축으로 한 전국 각지의 사람이 뒤섞여 만들어진 융복합 도시가 통영이었다.

게다가 경상도 관찰사나 삼도수군통제사나 종2품의 같은 품계였으니 지휘를 받을 일이 없었다. 통영은 통제사가 다스리는 특별자치구역이었다. 통영과 경상도는 동급이었던 거다. 그 기간이 통제영이 폐영되는 1895년까지 무려 300년 동안이나 지속되었다. 300년 동안 통영은 경상도가 아니었고 그 문화 또한 통영만의 독자적인 것이었다. 그래서 통영은 유독 빼어난 음식 문화를 이어올 수 있었다. 아무튼 술꾼들이나 해산물을 좋아하는 이들에게 겨울의 통영은 천국이다. 해산물이 가장 풍성하고 맛있는 시기가 겨울이기 때문이다. 게다가 겨울에는 여느 지역보다 따뜻하다. 서울이 영하 10도일 때 통영은 영상이다. 무려 10도 이상 따뜻하다. 겨울에 통영을 찾지 않으면 후회할 이유다.

미륵 부처님을 기다리는 섬

통영은 많은 섬을 거느리고 있지만 미륵도(면적 32.9제곱킬로미터, 995만 2,250평)가 가장 가깝다. 통영 반도와 다리로 연결되어 알아채기 어렵지만 미륵도 또한 섬이다. 도시화되고 케이블카가 생긴 뒤 쉽게 미륵산 정상에 오르다 보니 통영 여행자들도 정작 미륵도라는 섬

미륵이 머무는 섬 미륵도, 그 주변의 보살 섬들

에 대해서는 잘 알지 못한다. 하지만 미륵도에는 케이블카나 루지 말고도 많은 이야기가 깃들어 있다. 미륵불의 하생下生을 기다리는 섬이 아닌가. 진짜 미륵도를 느껴보려면 케이블카도 좋지만 1시간이면 충분한 등산로를 오르거나 미륵산 둘레길을 따라 걷는 것도 좋다. 미륵산의 압권은 산정에 올라서 보는 한려해상국립공원의 바다와 섬 풍경이다. 안개라도 낀 날은 산수화가 따로 없다. 가히 '몽유통영도원도'가 펼쳐진다.

미륵산의 또 다른 명품은 미래사 편백나무 숲이다. 100년 가까이 되는 편백나무 숲이 5만 평이나 보존되어 있지만 아는 이도 많지 않고 찾는 이도 드물다. 미륵산 정상에서 20분만 걸어 내려가면 만날 수 있다. 용화사에서 출발해 임도를 따라 걸어도 40분이면 도달할 수 있다. 미래사의 편백나무는 본래 일제강점기에 일본인들이 심었던 것인데 후일 미래사에서 매입해 관리하고 있다. 편백나무는 다른 침엽수보다 3배 이상의 피톤치드를 뿜어낸다고 한다. 그래서일까. 편백나무가 암을 치료하는 데 좋다는 소문이 나 더러 암 환자들이 찾아와 편백나무 숲 아래 텐트를 치고 생활하며 기력을 얻어 가기도 한다.

미래사는 법정 스님이 행자 생활을 했던 절이다. 박재철은 1932년에 전남 해남에서 태어나 목포에서 자랐고, 전남대 상과대학 3학년 때인 1954년에 미래사에서 효봉 스님을 은사로 출가해 법정 스님이 되었다.

미래사는 그리 오래된 절이 아니지만 미륵산에는 천년 고찰도 있다. 용화사와 도솔암이다. 용화사는 신라 선덕여왕 때 은점 스님이 창건했다. 처음에는 '정수사淨水寺'라 했다가 '용화사'로 바뀌었다. 도솔암 창건 설화에는 호랑이 이야기가 깃들어 있어 이채롭다. 도솔암은 고려 태조 20년(943)에 창건되었다. 창건주인 도솔 스님은 17세에 지리산 칠불암으로 출가해 수도하다가 25세에 미륵산으로 옮겨 와 바위굴에서 수도 생활을 하며 살았다. 그러던 어느 날 호랑이 1마리가 찾아와 괴로워하며 입을 벌리고 도와달라고 애원했다. 사람을 잡아먹은 호랑이의 고통을 어찌할 것인가. 딜레마에 고민하던 도솔은 결국 호랑이의 입에 걸린 비녀를 뽑아준다. 그 뒤 호랑이도 무언가 깨달은 게 있었던 것인지 늘 도솔 곁에 머문다. 몇 달이 지난 어느 날 호랑이는 처녀 하나를 물어다 놓고 훌쩍 떠난다. 제 먹이를 나눠주는 것으로 도솔과의 인연도 끊었다. 호랑이는 결국 호랑이였던 것이다.

도솔은 기절한 처녀를 정성껏 간호해서 되살린다. 사정을 들으니 처녀는 전라도 보성 관아 아전인 배 이방의 딸이었다. 처녀는 혼인날을 받아놓고 목욕을 하다가 호랑이에게 물려 오게 되었던 것이다. 도솔이 보성까지 처녀를 데려가자 배 이방은 감격에 겨워하며 거금 300냥을 시주한다. 그 목숨값으로 지어진 절이 도솔암이다. 도솔암은 한때 남방제일선원南方第一禪院으로 이름이 높았다. 한국전쟁 직후에는 법정 스님의 스승이자 조계종 종정을 지낸 효봉 선사가 잠시 의탁하기도 했다. 지금도 도솔암 위쪽에는 도솔이 수도하였던 천연 암굴이 있다.

미륵도를 찾는 이들이 미륵산 정상 못지않게 많이 가는 곳은 달아전망대다. 섬들 사이로 떨어지는 일몰이 장관이기 때문이다. 풍광이 빼어난데 숨겨진 보물은 또 있다. 삼칭이해안길이다. 본래 해안 침식을 막기 위해 쌓은 제방에 자전거 길을 낸 것이 통영 최고의 해변 둘레길이 되었다. 잘 알려지지 않아서 자전거를 타는 이도 거의 없고 걷는 이만 간간이 보인다. 길은 통영국제음악당 앞에서 시작해 영운리 마을까지 4킬로미터에 걸쳐 이어지는데, 바다와 섬을 바라보면서 걸을 수 있다. 시멘트 도로라는 것이 흠이긴 하지만 언덕 하나 없이 평탄해서 느릿느릿 산책하기 좋다.

두려워라! 사랑이여

'삼칭이'는 삼천진에서 유래했다. 조선시대에는 영운리 마을에 삼도수군통제영의 수군진이 있었다. 그 진이 삼천진이었는데 진장은 종9품의 하급 무관인 권관權管이었다. 조선시대 변경지방 진관鎭管의 최하단위인 진보鎭堡에 두었던 종9품의 수장이 권관이었던 것이다. 삼천진은 본래 통영이 아니라 삼천포에 있었다. 삼천포는 고려시대에 개경에서 뱃길로 3천 리 거리였다 해서 붙여진 이름이라 전한다. 삼천진이 통영으로 옮겨지면서 이름도 따라와 삼천진이 되었고 '삼칭이'로 불리게 된 것이다.

미륵도 삼칭이해안길은 처음부터 끝까지 바다를 보여주는 통영 최고의 트레일이다.

예전에는 군사 집단의 주둔지가 바뀌면 그 이름도 따라서 옮겨지고는 했다. 군산은 지금의 땅이 아니라 선유도에 있었다. 선유도가 본래 군산도였고 거기 군산진이 있었는데 진이 옮겨 가면서 이름도 따라가 지금의 군산이 된 것이다. 경기도 남양에 있던 영종진은 지금의 영종도로 옮겨 가면서 이름도 따라가 자연도였던 섬이 영종도가 되기도 했다.

삼칭이해안길을 따라가다 보면 손바닥만 한 모래사장이 있는데 통영 공설 해수욕장이다. 이 마을이 수륙리인데 삼도수군통제영 시대에 죽은 군인들의 원혼을 달래는 수륙재를 행하던 지역이다. '수륙재'란 수륙(물과 육지)에서 헤매는 외로운 영혼과 아귀를 달래고 위로하기 위해 불법을 강설하고 음식을 공양供養하는 불교 의식이다. '수륙도량水陸道場' 혹은 '수륙법회'라고도 하는데 수륙재를 지내면 떠돌던 넋들이 불보살의 가피를 받아

극락으로 천도된다고 믿는다. 삼칭이해안길은 종현산(높이 188미터) 둘레를 돌아가는데 산이 바다에서 바라보면 거대한 종鐘을 하늘에 매단 것처럼 보인다 해서 지어진 이름이다.

이 길의 가장 빼어난 풍경은 복바위다. 복바위는 영운리 앞바다에 있는 바위섬이다. 나란히 서 있는 3개의 바위섬에는 애틋한 전설이 깃들어 있다. 까마득한 옛날 옥황상제의 근위병 셋이 선녀 셋과 이곳에 내려와 몰래 사랑을 나누었다. 그런데 옥황상제가 누군가. 아무리 숨겨도 다 알아낼 수 있는 전지전능한 힘의 소유자가 아닌가. 화가 머리끝까지 치솟은 옥황상제는 불벼락을 내려 그들을 모두 바위로 만들었다. 사랑이란 무엇일까. 천상의 주인인 옥화상제마저도 질투심에 눈멀게 하는 것이 사랑이라면, 사랑의 힘은 신보다 강한 것이 아닌가. 두렵고 두려워라, 사랑이여!

서해의 에너지
자립 섬

홍성 죽도

홍성에 하나뿐인 유인도

봄날, 섬은 한창 바지락 작업으로 활기가 넘친다. 죽도의 바지락은 초봄부터 여름 산란 직전까지가 제철이다. 어느 때보다 찰지고 달다. 개조개도 탱글탱글하니 제철이다. 요즈음은 개조개를 '대합'이라 부르기도 하지만 본래 대합은 백합 중에서 큰 것을 이르던 말이다. 개조개는 '내자패'라고도 부른다. 대합과는 다른 조개다. 아무튼 섬에서는 해산물이 계절의 변화를 알려주는 나침반이다. 그래서 "봄 조개, 가을 낙지"라는 말도 생겼다. 죽도의 봄은 그렇게 영근다.

죽도항, 어선을 타고 나가 바지락 작업을 하다 돌아온 어부가 어선을 항만 안 바다에 정박시킨다. 썰물 때라 어선은 부두에 바로 접안

해가 지면 해루질이 시작된다. 불을 밝혀 맨손으로 어패류를 잡는.

하지 못한다. 어부는 스티로폼 조각을 바다에 띄우고 그 위에 몸을 싣는다. 능란한 몸짓이지만 위태롭다. 한 조각 부표에 의지해 살아가는 어부의 생애. 섬에서의 삶은 아슬아슬하다. 삶은 자주 생사의 경계를 넘나든다. 어선 옆 작은 부표에 앉아 쉬는 갈매기의 표정은 여유롭다. 갈매기는 날개라도 있으니 섬사람들보다 더 나은 생애일까. 풍파가 덮쳐 와도 날지 못하는 슬픈 섬들, 애틋하고 또 애틋하다.

 죽도는 홍성군의 하나뿐인 유인도다. 통영시의 연대도가 '에코 아일랜드' 사업으로 죽도보다 먼저 에너지 자립 섬이 되었듯 죽도 또한 태양광 발전소만으로 에너지 자립을 이룬 에코 아일랜드로 유명세를 탔다. 죽도 주민들이 직접 출연한 에너지 기업 광고가 방송되기도 했다. 죽도는 천수만 안의 섬이다. 천수만은 충청남도 서해안 중부, 태안반도 남단에서 남쪽으로 쭉 뻗어 내륙 깊숙이 들어온 만이다. 태안, 홍성, 보령, 서산 지역 해안선을 따라 펼쳐진 바다를 남북으로 길게 자리한 안면도가 막아주어 더없이 잔잔한 내해다. 수심이 얕다고 해서 '천수만淺水灣'이라는 이름이 붙었다. 천수만의 입구는 남북으로 열려 있는데, 만 남쪽 입구의 너비는 2킬로미터, 만 길이는 40킬로미터다. 복잡한 리아스식 해안이라 천수만 해안선의 길이는 무려 284.5킬로미터나 된다.

 천수만은 조석 간만의 차가 평균 6미터나 되고 수심이 10미터 내외밖에 되지 않아 대형 선박이 출입할 수 없다. 오늘은 사리 때인 9물이라 조석 간만의 차가 9미터나 된다. 이런 날은 썰물이 되면 작은 어선도 띄우지 못한다. 선박이 물 빠진 갯벌에 고립되기 때문이다. 오늘도 오전 여객선은 뜨지 못했다. 계류장(배를 대고 매놓는 장소)이 없으니 여객선은 갯벌에 처박혀 꿈쩍도 할 수 없었다. 해상교통을 위해 꼭 필요한 시설인 계류장은 그리 큰 예산이 필요하지 않다. 그런데도 시설을 마련해주지 않는 행정에 대해 주민들의 불만이 크다. 타고 내리는 여객들도 위태롭다.

홍성군 서부면에 속한 죽도는 남당항에서 3.7킬로미터 떨어진 해상에 있다. 여객선으로 불과 10분도 안 걸릴 정도로 뭍과 가까운 섬이지만 2018년 초까지만 해도 섬으로의 입도가 쉽지 않았다. 죽도는 내내 정기 여객선이 없었다. 주민이나 여행자 누구도 자기 배가 없으면 대절선을 불러야만 섬을 드나들 수 있었다. 하지만 대절선에 대한 해경의 단속이 너무 심해 주민도 외지인도 힘겨운 세월을 살았다. 가까운 오지 낙도였던 셈이다. 2018년 5월 여객선이 취항하면서 접근성이 높아지자 섬을 찾는 육지인이 늘었다.

천수만은 본래 수초가 많고 영양염류가 풍부해 농어, 도미, 민어, 숭어 등의 산란장이자 다양한 어류의 서식지였다. 천수만에서는 굴과 김 양식도 활발했고 천수만으로 인해 홍성의 광천 새우젓과 광천 김이 유명세를 떨쳤다. 하지만 1980년부터 농경지와 담수호를 만들기 위한 대규모 간척사업이 시작되어 천수만 북부의 7.7킬로미터가 방조제로 막혔고 155.94제곱킬로미터(4717만 1,850평)가 매립되었다. 이 여파로 천수만은 드넓은 갯벌이 사라지고 오염도 심해져 어류의 산란장 기능을 상실했다. 천수만은 더 이상 황금어장이 아니다. 광천 새우젓과 광천 김의 명성도 퇴색되었다. 가까운 미래도 내다보지 못한 마구잡이식 간척으로 황금 갯벌을 죽인 결과다.

젊디젊은 열두대섬

죽도는 0.17제곱킬로미터(5만 1,425평)에 불과할 정도로 면적이 작아 천천히 섬을 둘러봐도 2시간이 채 걸리지 않는다. 섬에 대나무가 많아 '죽도'라 했다는 유래처럼 섬 곳곳에는 신우대가 군락을 이루고 있다. 높은 산이 없고 섬 전체가 낮은 구릉과 평지다 보니 섬 어디에서든 일출과 일몰을 동시에 볼 수 있다. 죽도는 과거 태안군 안산면에 속했다가, 1914년에 서산군 안면면에, 1989년에 홍성군 서부면에 편입되어 지금에 이르렀다.

죽도는 혼자가 아니다. 죽도를 어미 섬으로 인근의 작은 섬 11개가 무리 지어 군도를 이룬다. 그래서 죽도와 11개의 무인도를 합해 '열두대섬'이라 부른다. 무인도는 글만여, 지만여, 띠섬, 몽족도, 작은마녀, 전족도 등 제각기 사연과 이름이 있다. 썰물 때면 이 무인도 중 4개가 죽도와 이어진다. 무인도를 걸어서 오가는 재미도 쏠쏠하다.

죽도 사람들은 대부분 어업에 기대 살아왔고 지금도 그렇다. 섬이 작아 농사지을 땅이 없었으니 어업은 숙명이었다. 죽도는 아주 젊은 섬이다. 30~40대도 많다. 고향을 떠났던 청년들이 다시 귀어해 정착한 까닭이다. 어선은 죽도 사람들의 생명선이다. 거의 모든 주민이 배를 소유하고 어업에 종사하는 일은 다른 섬에서는 보기 어려운 사례다. 섬은 봄에는 주꾸미가, 가을에는 꽃게와 대하가 가계를 살찌운다.

죽도는 천수만 일원이 그렇듯 겨울철인 12월부터 다음 해 2월까지 새조개의 산지이기도 하다. 남당항에서는 해마다 새조개 축제가 열린다. 하지만 2019년에는 생산량이 많지 않아 가격이 비쌌다. 1킬로그램에 10만 원 정도 했으니 '금조개'였다. 새조개의 산란 철은 4월경인데 산란 직전까지가 살이 오르는 때라 가장 맛있다. 여름에도 새조개가 나지만 질기고 맛이 떨어진다. 바지락은 종패를 뿌려 어촌계에서 공동으로 양식을 하는데 마파지, 앞장벌 등에서 나는 게 최상품이다. 죽도의 바지락은 거의 사철 내내 채취하는데 한 집당 하루 40킬로그램까지만 가능하다.

작은 섬이지만 죽도에는 섬 전체를 탐방할 수 있는 둘레길이 잘 조성되어 있다. 관광객을 유치하려고 만든 길이다. 둘레길에는 바다를 관찰할 수 있는 조망대가 3개나 있다. 첫 번째 조망대는 옹팡섬이다. 두 번째 조망대는 당개비로 '담깨비'라고도 한다. 예전에는 당제를 모시던 당산이었다. 세 번째 조망대는 동쪽에 위치한 동바지다. 동바지는 신우대 숲이다. 조망대마다 각기 최영 장군, 김좌진 장군, 한용운 스님 등의 조형물이 세워져 있다. 홍성 출신의 역사 인물들이다. 한용운은 결성면 성곡리, 김좌진은 갈산면 행산리 출신이다. 2곳의 거리는 6.5킬로미터에 불과하니 지척에서 두 분의 걸출한 항일독립운동 영웅이 탄생했던 것이다. 그런데 최영의 탄생지는 불분명하다. 철원, 서산, 개성, 홍성 등의 설이 있다. 조형물은 최영 또한 홍성 출신이라 주장하고 싶은 까닭에 세워진 것이다. 둘레길에는 길을 표시하는 밧줄이 있는데 시선을 거스른다. 위험한 곳도 아닌데 굳이 밧줄을 칠 필요가 있나 싶다. 전형적인 '전시 행정'이다.

별 보며 맥주 마시는 섬의 행복

　동바지 입구에서 할머니 한 분이 굴을 까고 있다. 상뿌리에서 캐 왔다. 2018년 말 예인선이 죽도 앞바다를 지나가다 기름 유출 사고를 냈다. 다행히 만조 때라 피해가 적었다. 그래도 주민들이 모두 나가 기름 묻은 바위를 닦아내는 데 3일이나 걸렸다. 당개비 조망대에 올랐다 내려오는 길, 해변에 외딴집 1채가 서 있다. 이 집도 오늘 수확해 온 바지락을 바구니에 담아 내놨다. 관광객에게 팔기 위한 것이다. 집 처마에는 대나무 꼬치에 조개를 꽂아서 말리고 있다. 무슨 조개일까. 주인에게 물어보니 맛조개다. 저런 조개 꼬치는 구워서 술 안주 하기에 그만이다. 섬에서는 무를 넣고 조리거나 국을 끓여 밥반찬을 한다. 섬 주민들은 수온 상승의 영향으로 천수만의 조개도 점점 줄어간다고 이구동성이다. 2019년에 새조개 작황이 좋지 않았던 것도 수온이 상승한 탓인 것 같다고 짐작한다. 지구 온난화의 영향이 북극 빙하나 북극곰만의 일은 아닌 것이다. 당장 우리 바다 생태계 질서를 교란시키고 있다.

섬 주민들은 여객선이 취항하면서부터 주말이면 하루 수백 명씩 섬을 찾는 것이 반갑다. 섬에 활기가 돌기 때문이다. 하지만 관광객 대부분은 섬에 돈 한 푼 쓰지 않고 쓰레기만 버리고 간다. 주민들은 그것이 걱정이다. 마을 안 갯벌에는 독살 체험장이 있다. 죽도에서도 독살로 물고기를 잡던 시절이 있었다. 독살 근처에는 용난둠벙이 있다. 갯고랑은 용이 꿈틀거리는 모양이다. 안개가 많이 끼는 날 이무기가 용이 되어 승천했다는 전설이 내려온다. 죽도는 고려시대 삼별초의 난 당시 삼별초군이 화살을 만들기 위해 대나무를 베어다 썼다는 전설도 전해진다. 충분히 가능한 이야기다. 강화도에서 반란을 일으키고 진도에 왕국을 세웠던 삼별초는 한때 남동쪽으로는 남해도까지, 서해에서는 안면도까지 장악했으니 죽도 역시 삼별초 왕국의 영토였을 것이다.

개조개를 맛보기 위해 우연히 들른 포장마차, 주인 부부는 어선을 가지고 조업하면서 민박도 겸한다. 조업을 하는 이유는 민박 손님들에게 좋은 것을 먹이고 싶어서다. 아내는 대기업을 다니다 남편을 만나 십여 년 전에 남편의 고향인 죽도로 귀향했다. 남편과 함께 죽도의 발전을 위해 많은 노력을 했다고 한다. 아내는 섬살이가 만족스러운데 특히 죽도의 가을을 좋아한다. 노을이 질 때면 그토록 포근할 수가 없다. 부부의 가을은 더없이 낭만적이다. 새우잡이를 나갔다 들어오는 저녁이면 돗자리 하나를 챙겨 해변으로 간다. 별이 쏟아지는 해변에서 부부는 돗자리에 앉아 별을 보며 맥주를 마신다. 그때의 행복감은 뭐라 표현할 수 없다. 섬살이가 고되기도 하지만 섬을 떠날 수 없는 이유다.

내 가슴 태우는 불은
물로도 못 끄고

완도 신지도

3천 리 유배의 섬

조선시대의 많은 섬이 그랬듯 신지도 또한 유배지로 이용되었다. 섬이 곧 감옥이었다. 신지도에는 갑술옥사, 신유사옥 등 정치적 이유로 유배된 이가 많았지만, 더러 살인자나 도적이 유배되기도 했다. 조선은 종주국으로 섬겼던 명나라의 법전인 『대명률』에 근거해서 유배형을 실시했는데 가장 먼 거리가 3천 리였다. 하지만 땅이 좁아 3천 리 유배를 행하기 어려웠다. 그래서 꼼수를 썼다. 한반도를 한 바퀴 돌게 해 3천 리를 채운 뒤 유배시키기도 했고, 섬으로 유배를 보낼 때는 거리를 더 쳐주기도 했다. 섬의 거리에 따라 1천 리, 2천 리, 3천 리로 쳐주었는데 신지도의 경우 3천 리였으니 중죄인의 유배지였다. 『조선왕조실록』 등의 관찬 사료를 통해 확인된 신지도 유배자는 38명, 개인 기록 2명을 포함하면 총 40명이다. 다산 정약용의 『여유당전서與猶堂全書』와 이세보의 『신도일록薪島日錄』 등 개인 기록을 통해 확인된 유배자는 관찬보다 5명이 더 많은 45명이다.

신지도 유배자로 유명한 이들은 조선시대 후기의 문신 목내선, 동국진체를 완성한 원교 이광사, 시조시인 이세보, 조선 후기 종두법(천연두 예방법)을 전파한 문신이자 개화사상가, 한글학자였던 지석영 등이 있다. 이제 유배자 대부분의 흔적은 간 곳이 없고 이광사가 지내던 가옥 정도만 남았다. 이광사는 해남 대흥사의 대웅보전 현판 글씨를 썼다. 그런데 이 현판은 한차례 떼어냈다가 다시 걸린 사연으로 유명하다. 제주도 유배 길에 대흥사에 들른 추사 김정희는 이 현판을 보고 못마땅해서 초의 선사에게 일갈했다. "조선의 글씨를 다 망쳐놓은 것이 원교인데 어떻게 그가 쓴 대웅보전 현판을 걸어놓을 수 있는가." 하지만 9년 뒤 유배가 풀려 다시 대흥사에 들른 김정희는 "옛날 내가 귀양길에 떼어내라고 했던 원교의 현판을 다시 달아달라"라고 부탁했다. 9년의 유배살이가 김정희를 더 겸손하게 만들었던 것일까.

김정희는 집으로 돌아갔지만 이광사는 유배지인 신지도에서 생을 마감했다. 이광사는 신지도에서 서예 이론서인 『서결書訣』을 지었다. 그의 유배는 서남해안의 서예 문화 부흥에 기여한 바가 컸다. 이광사가 신지도에서 숨을 거두고 14년이 지나 다산 정약용이 강진으로 유배를 왔고 정약용의 작은형 손암 정약전도 신지도에서 8개월 동안 유배를 산 뒤 흑산도로 이배되었다. 정약용이 신지도에 유배를 살던 정약전에게 보낸 시 2편이 전해진다. 정약용은 〈탐진 풍속 노래〉라는 시에서 "글씨방이 옛날에 신지도에 열려 있어 아전들 모두가 이광사에게 배웠다네"라고 노래했다. 완도 섬 지방 아전들이 모두 이광사에게 서예를 배웠음을 알려주는 귀한 기록이다. 그가 마지막까지 살았던 적거지가 신지도 금곡리에 남아 있다. 8칸짜리 전통 한옥은 300년 전쯤 건립된 것으로 추정된다. 풍상을 견디지 못한 낡은 한옥은 살짝 기울었다. 집 앞에는 이광사의 적거지임을 나타내는 안내판 하나 없다. 금곡마을 앞에는 이광사가 심었다는 250여 년 된 원교목円嶠木이 아직도 정정하게 서 있다.

철종 사촌 동생의 신지도 〈상사별곡〉

경평군 이세보는 조선시대 역사상 가장 많은 시조를 쓴 문신으로 458수의 시조를 남겼다. 대부분 신지도에서 쓴 것이다. 선조의 9대손인 이세보는 철종의 사촌 동생이기도 하다. 이세보는 당시 권력의 중심이던 안동김씨들의 전횡을 비난했다는 이유로 1860년 11월 신지도로 유배되었는데, 1863년 고종의 즉위로 해배될 때까지 신지도 송곡에서 2년 동안 위리안치圍籬安置 생활을 하며 유배 기록인 『신도일록』을 남겼다. 『신도일록』에는 이세보가 지은 458수의 시조 중 95수의 한글 시조가 수록되어 있는데, 이는 대부분 신지도 유배 시절에 지은 것으로 추정된다. 이세보는 해배 후 한성판윤, 공조판서, 판의금부사 등의 벼슬을 지냈고 민비 시해 사건을 듣고 통곡하다가 병을 얻어 죽었다.

신지도 유배 시절 이세보가 명사십리 모래밭에 시를 쓰고 낭송하는 소리가 마치 울음소리 같아서 주민들이 해변의 이름을 '명사'로 했다는 이야기가 전해진다. 그의 시조에는 관리들의 탐학을 비판하고 사랑을 노래한 것이 많다. 그가 신지도에서 썼던 시조 〈상사별곡相思別曲〉의 한 자락이 가슴을 울린다. 사랑이야말로 모든 예술의 원천이다.

가슴에 불이 나니 애간장이 다 타네
인간의 물로 못 끄는 불 없건마는
내 가슴 태우는 불은 물로도 어이 못 끌까!
나날이 다달이 운우지락에 사랑하며
산골짝 맑은 물이 증인 되고
천년 만년이자 맹세했건만
못 보아도 병, 더디 와도 애가 끓는구나!

지석영은 호가 '송촌松村'인데 그의 유배지가 송곡리라 지은 호였다. 지석영은 우두의 임상 실험을 끝낸 뒤 『신학신설新學新說』을 완성했는데 이 의학서를 완성한 곳이 송곡리다. 이를 기념하기 위해 지석영은 호를 '송촌'이라 했다. 정약용의 기록에는 장씨 집안의 여자가 신지도에 유배된 이야기도 있다. 경북 구미와 칠곡을 중심으로 편성된 인동仁同부에 살던 장현경과 그의 아버지는 인동부사와 국상國喪 후 잔치를 여는 문제로 다툼이 있었는데 결국 장현경이 망명했다. 그 후과로 장현경의 처와 딸 둘, 아들 하나까지 온 가족이 신지도로 유배되었다는 내용이다. 유배 중 장현경의 큰딸이 수군진 군졸의 유혹에 시달리다 자결했고 이를 처리하는 과정도 기록되어 있다. 당시 유배자들이 어떤 고통을 당했는지 알려주는 자료다.

원래 신지도는 '지도智島'라는 이름으로 불렸으나 나주목에 같은 지명(신안군 지도읍)이 있다 보니 문서를 주고받으면서 지명을 혼동하는 일이 많아 '신薪' 자를 붙여 신지도라 부르게 되었다고 전해진다. 신지도는 면적 30.8제곱킬로미터(931만 7천 평)에 3,600명이 사는 제법 큰 섬이다. 신지도에도 선사시대부터 사람이 살았고 삼한시대에는 마한에, 삼국시대에는 백제에, 통일신라시대 말에는 청해부에, 고려시대와 조선시대에는 장흥부에 속하였다가 이후 강진현에 속했다. 중종 17년(1522) 송곡리에 신지만호진이 설치되었지만 1895년 군제 개편으로 신지만호진이 없어졌고, 1896년 완도군이 설군되면서부터는 완도군에 속해왔다. 조선시대에는 국영 목장으로 사용되었는데 지금도 마장터가 남아 있다.

명사갯길 따라 항일의 섬으로

일제강점기 신지도는 남해의 모스크바라 불리던 항일독립운동의 성지인 소안도와 함께 서남해 항일운동의 전초기지이기도 했다. 그래서 신지도 출신 독립운동가가 많다. 소안도의 사립 소안학교가 그랬던 것처럼 신지도 독립운동의 중심은 사립 신지학교였다. 결국 독립운동가 양성의 산실인 신지학교를 불온하게 여긴 일제에 의해 교원 2명이 경찰에 체포된 후 강제 폐교되었다. 신지도의 대표적인 독립운동가는 임재갑(1891~1960), 장석천(1903~1935) 등인데 임재갑은 신지도 임촌마을 출신이다. 도산 안창호가 주도한 청년학우회와 구국청년계몽회에 가입해 연락 요원으로 서울과 북간도를 왕래하면서 항일운동을 했다. 소안도에서 만들어져 전국 조직이 되었던 비밀결사 수의위친계(守義爲親契)의 조직원으로도 활동했다. 간도 용정 대성학원 교원으로 일하며 독립자금 모집책으로 수 회에 걸쳐 국내를 왕래했고 김좌진 장군 휘하에서 무장 전투 요원으로도 활동했다. 1925년 보안법 위반으로 10개월의 옥고를 치렀고 신간회 완도지회장을 역임했다. 1990년에 건국훈장 애족장이 추서되었다.

장석천은 신지도 송곡마을 출신인데 신간회 광주지부 상무 간사로 활동하며 광주학생독립운동을 지원했다. 1929년 11월 3일에 광주학생독립운동이 일어나자 장재성, 박오봉, 강석원, 국채진 등과 '학생투쟁지도본부'를 설치하고 학생운동을 지도했으며 광주학생운동을 전국으

모래 우는 소리가 10리까지 들린다는 신지도 명사십리 해변

로 확산시키기 위해 항일투쟁궐기를 촉구하는 격문 2만 장을 비밀리에 인쇄해 전국으로 발송하는 등의 활동을 하다가 일제 경찰에 체포되어 1년 6개월의 옥고를 치렀다. 출옥 후에도 항일투쟁을 계속해 경성방직 공장 직원들에게 항일의식을 고취하였으며, 소요 배후 조종자로 체포되어 다시 2년의 옥고를 치렀다. 1990년에 건국훈장 애국장이 추서되었다.

소안도나 신지도, 완도의 항일운동은 사회주의 계열의 독립운동이라 해서 해방된 조국에서도 훈장이 아니라 족쇄였다. 서러운 세월을 살아온 신지도 독립운동가들이 복권된 것은 1990년대 들어서다. 참으로 안타깝고 서러운 세월이었다. 1994년에는 대곡리에 신지 항일운동 기념탑이, 2010년에는 신지 항일운동 기념공원이 조성되었다. 이제야 비로소 역사가 바로잡히고 있다. 하지만 갈 길은 여전히 멀다. 독립운동가의 후예들은 외롭고 가난하고 고통스러운 세월을 벗어나지 못하고 있기 때문이다.

신지도의 최고 풍경은 명사십리 해변이다. 고운 백사장이 10리(3.8킬로미터)나 펼쳐져 있다. 명사십리 백사장에서의 모래찜질은 관절염과 신경통에도 효과가 큰 것으로 유명하다. 명사십리 해변에 서면 인근의 청산도, 대모도, 소모도 등의 섬이 그림처럼 가깝게 다가온다. '명사십리'라는 이름의 해변들이 그렇듯 신지도 명사십리 해변 또한 밤이면 모래 우는 소리가 10리 밖까지 들린다는 전설 같은 이야기가 깃들어 있다. 백사장 주변으로는 소나무 숲이 있고 펜션, 카페, 식당 등 편의시설이 잘 갖추어져 있다. 꼭 여름이 아니라도 좋다. 고즈넉하고 한가로운 늦가을이나 겨울 해변이 그립다면 명사십리 해변에 숙소를 잡고 종일토록 바다만 보고 백사장만 걷다 와도 좋다.

    섬의 동쪽 동고 해수욕장도 아름답다. 수백 년 전에 주민들이 모래바람을 막아줄 방풍, 방사림으로 심은 해송 300여 그루가 도열해 있는 모습이 장관이다. 또 하나 신지도에 가야 할 이유는 길 때문이다. 신지도에도 내내 바다를 보며 걸을 수 있는 트레일이 있다. 길은 신지대교를 건너면 나오는 강독휴게소에서 시작된다. 명사갯길은 해안 산자락을 지나 명사십리 해수욕장 끝자락에 위치한 울몰까지 10킬로미터나 이어지는데 가파르지 않아 편안히 걸을 수 있다. 이 길만 걸어도 행복감이 충만하다. 신지도는 완도 본섬과 2005년에 다리로 연결되어 배 시간에 쫓길 염려 없이 육로로 접근할 수 있으니 더욱 편리하다.

고양이 머리 마을 지나 꽃머리산으로

여수 화태도

포클레인 한 대 사라, 칡 캐게

작정하고 나선 길이다. 상념 없이 걷기만 하자고 나선 길이다. 화태도 갯가길, 제주도 올레길이 걷기 붐을 일으킨 이후 온 나라에 온갖 길이 생겨났다. 섬들도 저마다 이름을 달고 길이 만들어졌다. 여수 갯가길도 올레길이 낳은 수많은 자식 중 하나다. 화태도 갯가길은 여수 갯가길 5코스다. 화태도는 2015년 12월 돌산도와 다리로 연결되면서 섬의 시대를 마감했다. 여수와 연결된 돌산과 연결되었으니 육지로 편입된 것이다. 길은 돌산도 예교마을 화태대교 입구부터 시작된다. 다리에는 자동차가 다니는 길옆으로 사람들이 걸어 다닐 수 있는 인도가 만들어져 있다. 인도는 차도만큼이나 널찍하다. 다리 아래 왼쪽은 금오도행 여객선이 드나드는 신기항이고, 오른쪽의 기다란 섬은 송도다. 송도 건너편이 돌산읍 소재지인 군내리다. 군내리 마을 주민 몇도 운동 삼아 이 길을 걸으러 나섰다. 조용히 뒤따르며 주민들의 이야기를 귀동냥해 듣는다.

"군내리가 겨울에는 따뜻해. 근데 옛날에는 여름에 태풍이라도 오면 벌벌 떨면서 도망가기 바빴지." 천왕산 아래 남향으로 자리한 군내리는 북풍을 막아주는 천왕산으로 인해 겨울에는 더없이 따뜻하다. 하지만 여름에 태풍이라도 불면 천왕산에 가로막힌 태풍이 용솟음치며 군내리를 휩쓸기도 했다. 그래서 태풍 때는 도망가기 바빴다는 말씀이다. 다리 건너 송도를 보고서도 노인들은 한마디씩 거든다. "포클레인 작은 거나 한 대 사라." "뭐에 쓰게?" "그걸로 송도 칡이나 캐러 가자. 저번에 가보니 칡 둥치가 한 아름이나 되더라. 한 20년은 된 거 같어." "송도 사람들이 파라고 내버려둔대?" "요샌 칡이고 뭐고 다들 든네 버려." 배포도 좋지! 칡 한 뿌리 캐겠다고 포클레인을 사라는 사람이나 살까 궁리하는 사람이나. "그나저나 산돼지 때문에 큰일이여. 농사도 글렀어." "농사뿐이간디. 산돼지가 염소도 잡아묵어. 우리 동네 사람이 염소를 묶어놓고 키는디 잘 있나 가봤다가 기겁을 했다네. 산돼지가 염소를 뜯어 묵고 있더래. 무서워서 어찌지도 못하고 그냥 도망 왔다네." "산돼지가 헤엄도 무자게 잘 치니. 이 섬 저 섬 건너다니고. 큰 일이여, 큰 일."

다리를 건너자 '남면' 표지판이 서 있다. 여기부터는 돌산읍이 아니라 여수시 남면에 속한다는 안내판이다. 300여 미터쯤 직진하면 화태도 갯가길의 시작 지점인 치끝이다. 버스 정류장에서 왼편 둑방을 따라 길이 이어진다. 화태도 갯가길은 치끝에서 월전마을을 거쳐 독정이, 묘두, 뻘금을 지나 다시 치끝까지 되돌아오는 13킬로미터 남짓의 트레일이다. 화태도는 첫대섬, 파태도, 수태섬 등으로 불리다 지금의 이름이 되었다. 2.18제곱킬로미터(65만 9,450평)의 면적에 200여 가구, 400여 명의 주민이 살아가는데 주업은 어류 양식이다. 100여 가구가 가두리 양식장에서 우럭, 도미 등의 어류를 기른다. 여수에서 가장 많은 어류 양식업을 하는 곳이 바로 화태도다. 여수 전체 양식 어류의 40퍼센트가량이 화태도에서 생산된다.

인생도처유상수

둑방 길을 느릿느릿 걷다 보니 선착장 옆 웅덩이 곁에서 노인 한 분이 뜰채를 옆에 놓고 가만히 앉아 있다. 저것은 필시 숭어잡이를 하려는 것이겠지, 감이 왔다. 아니나 다를까! 웅덩이에는 숭어가 우글거린다. 들물에 들어왔던 숭어들이 썰물 때가 다 되도록 펄을 파먹느라 빠져나갈 생각을 하지 않는다. 웅덩이를 따라 바다로 이어진 갯고랑으로는 여전히 숭어들이 오고 간다. 그런데 바로 앞에 숭어 떼가 있는데

노를 저어 어로를 하는 이 시대 마지막 어부

도 노인은 잡지 않고 그저 바라보고만 있다. 뜰채만 가져다 대면 숭어들을 마구 건져낼 수 있을 듯도 한데 말이다. "어째서 숭어를 안 잡고 그냥 보고만 계세요?" "아직 때가 아니요." "어째서요?" "저기 갯고랑 물이 끊기고 숭어들이 웅덩이에 갇힐 때까지 기다리는 거요. 지금 건드리면 싹 다 나가부러." 아! 그래서 숭어들이 저리 많은데도 안 잡는구나. 그런데 저러다 썰물을 따라 숭어가 다 빠져나가면 어쩌나? "그럼 어쩔 수 없지." 노인의 대답이 담백하다. 놓치면 그만이란 말씀.

노인은 마지막 남은 1마리까지 다 빠져나가도 꿈쩍 않을 태세다. "열 번 오면 다섯 번쯤 잡아요." 숭어가 빠져나갈까 봐 조급하게 굴면 다 놓칠 수 있지만 때를 기다릴 줄만 알면 절반은 성공한다. 5할이면 얼마나 높은 승률인가! 조급하지도 욕심부리지도 않는 것. 절반의 성공에도 만족할 줄 아는 어부가 진정한 고수다. 노인은 벌써 1시간 전부터 자리에 앉아 숭어들의 동태를 살펴보고 있었다. 또 30분쯤 흐르자 비로소 웅덩이와 바다 사이 갯고랑의 물길이 끊겼다. 그래도 아직 제법 많은 숭어가 남아 있다. 노인은 뜰채를 들어 숭어를 건져내기 시작한다. 대체로 세상의 물고기란 때라는 그물에만 걸려든다. 낚싯바늘이 아무리 날카로워도 뜰채의 그물이 아무리 촘촘해도 때를 기다릴 줄 모르면 허방이다. 섬을 걷다 보면 곳곳에서 고수들을 만난다. 인생도처유상수人生到處有上手다!

선창가 방파제 안은 물이 다 빠져나가고 어선들도 꼼짝없이 갇혔다. 이때를 기다려 노인 한 분은 또 열심히 어선의 바닥을 닦는 중이다. 이끼가 자라니 그것들을 제거해야 배가 오래간다. "그대로 두면 굴통(따개비)이 생겨요. 굴통이 배를 못 쓰게 해요." 그런데 바닷물을 걸러 먹고 살아가는 굴통이 배를 갉아 먹기라도 한다는 것일까. "아니요. 굴통이 생기면 벌레가 붙고, 벌레가 배를 갉아 먹어요." 그래서 팔순의 노인은 1달에 1번씩은 꼭 자기 어선에 붙은 이끼 제거 작업을 한다. 오늘은 나온 김에 이웃집 어선들도 함께 닦아준다. 노인은 건너몰에 산다. 화태도에는 건너몰, 대동, 독정이, 마족, 묘두, 월전, 치끝 등의 자연부락이 있다. 대동마을과 건너몰을 합해서 '화태마을'이라 하는데 화태도에서 가장 큰 마을이다. 팔순의 노인이 아직도 정정한 현역 어부다. "여름에는 문어 잡고 봄에는 기(게) 잡고, 낙지도 잡고 사요. 가을에는 문어 쬐깐(조금) 잡고 겨울에는 바람이 씨고 그래서 많이 노요." 아직은 문어 철이다. 노인은 문어 건지로 문어를 잡는다.

    노인을 남기고 산길로 접어들어 20분 남짓 걷다 보니 마족포구다. 마족포구에서 삼거리로 갈라지는데 도무지 이정표가 보이지 않는다. 이정표는 마족 선착장 길 입구에 서 있다. 이정표를 자동차가 가리고 있어 한참을 헤맸다. 삼거리 갈림길에는 어디나 이정표가 있어야 한다. 다시 해안 길로 접어든다. 길가에는 낡은 초소 건물이 그대로 남아 있다. 해안 경비를 서던 초소다. 초소 안의 벽면에 새겨진 구호가 아직도 섬뜩하다. "적은 반드시 내 앞으로 온다." 초소를 지나 숲길을 빠져나오니 월전포구다. 선창가는 낚시꾼들로 시끌벅적하다. 방송 프로그램의 영향인지 요즘 어딜 가나 가족 단위 낚시객이 부쩍 늘었다. 파출소도 우체국도 이 마을에 있다. 독정이와 함께 돌산을 오가는 여객선이 아직도 기항하는 마을이다.

달밭기미 지나 달의 호수로

월전月田은 '달밭'이라는 뜻이다. 그래서 월전의 옛 이름은 '달밭기미'다. '기미'는 작은 만을 뜻한다. 바다나 강, 냇물, 들판 등이 산과 산 사이 혹은 물과 물 사이로 굽이쳐 들어간 작은 만이나 골짜기, 여울 등을 모두 기미라 한다. 기미는 '구미', '꾸미', '금', '금미' 등으로도 부른다. 기미는 여진어 'kueima(수변)'에서 왔다. 아이누어 'kume'도 같은 뜻이다. 달밭기미는 내륙으로 쑥 들어간 만이 있어 배들이 정박할 수 있는 포구를 이루었다. 화태도 옆에는 월호도도 있다. 달빛 호수의 섬. 달밭, 달빛 호수, 이 부근 섬의 지명은 어찌 이토록 그윽한가. 정확한 어원이 무엇인지 따위는 알고 싶지 않다. 달이 떴다는데 호수면 어떻고 밭이면 어떻고 또 해변이면 어떤가. 섬사람들은 모두가 달의 자손이다. 달이 인력으로 바닷물을 밀었다 당겼다 하면 섬사람들은 달의 길을 따라 살아간다. 달이 바닷물을 잡아당기면 갯벌에 나가 게와 소라와 해초를 뜯어 오고, 바닷물을 풀어주면 배를 타고 나가 물고기

굴은 달이 차고 기우는 데 따라 야위기도 하고 살이 찌기도 한다.

를 잡아다 먹고 살아간다.

월전포구 도선(근거리를 다니는 여객선) 선착장 끝에서 길이 끊어지는가 싶더니 다시 시작된다. 해변의 숲길, 옛날에 다들 갯것을 하고 나무를 하러 다니던 길이다. 이 해변을 돌아서면 섬의 서쪽이다. 독정이포구에서 다시 또 이정표가 어긋난다. 어디로 가라는 것인가. 화살표 방향을 따라가니 도로가 나온다. 이 길이 아닌가 보다 싶어 다시 되돌아 독정이 선창가로 내려가니 해변을 따라 길이 이어진다. 여기도 초소 건물인가. 선착장 끝 길 입구에 폐허가 된 작은 건물 하나가 서 있다. 건물 옆길로 들어서려다 멈칫한다. 참 많이도 똥을 싸 놓았다. 필시 방파제에서 낚시하는 사람들의 소행이다.

제발이지 내가 싼 똥은 내가 치우고 살자! 안내판이라도 붙여주고 싶다. 똥덩어리들만 잘 피하면 묘두까지 이어지는 해변 길은 내내 파도 소리를 들으면서 걸을 수 있는 최고의 트레일이다. 묘두마을이 보이는 갈림길에 이르니 이정표가 나타난다. 썰물 때는 해변 길을, 들물 때는 도로를 따라가라는 표시다. 묘두猫頭는 '고양이 머리'라는 뜻이다. 그래서 묘두를 '괴머리'라고도 부른다. '괴', '괴이', '괭이'는 고양이의 지역 말이다. 묘두마을 앞바다는 호수처럼 둥그렇다. 어째서 건너 섬에 '월호도'라는 이름이 붙었는지 짐작할 수 있게 한다. 묘두마을을 돌아 나와 도로를 따라 200미터 남짓 걸으면 꽃머리산 입구다. 여기도 이정표가 없다. 그래도 길은 더없이 고즈넉하다. 꽃머리산이라니! 이토록 어여쁜 이름의 산이 또 있을까. 꽃머리산을 올랐다 내려가니 처음 그 자리다, 치끝. 가까운 길을 멀리 돌아왔구나, 나그네여!

섬의 고유성을 지키자

화태대교 앞이다. 화태도 사람들은 이 다리가 건설되고 나서 화태도에 없던 것 세 가지가 새로 생겼다고 말한다. 도둑, 쓰레기, 이웃 간의 분열이다. 도둑들이 차를 타고 다리를 건너와 말리려 널어놓은 곡식이나 해초를 훔쳐 간다. 놀러 온 낚시꾼이나 등산객은 싸 들고 온 도시락을 먹고 쓰레기를 버리고 똥이나 싸놓고 가기 일쑤다. 관광객들을 상대로 장사하는 이들은 서로 손님을 유치하려고 반목이 생겼다. 다리 건설을 그토록 염원했던 섬 주민들이 느끼는 감정은 그래서 복잡 미묘하다. 연륙이 된 많은 섬이 육지의 변두리로 편입되면서 이런 일이 발생한다. 섬에 다리를 놓는 것은 주민들의 열망 때문이다. 나그네 또한 섬에서 오래 살았고 여전히 섬을 떠돌고 있으니 그 열망을 천

번 만 번 이해한다.

하지만 연륙교는 양날의 칼이다. 교통의 편리를 얻은 대신 섬의 정체성을 잃게 된다. 불편한 교통 문제를 해소하는 방법이 다리 공사뿐일까. 섬 주민들이 다리에 목을 매는 이유는 그동안 정부가 교통 불편 해소를 위한 다른 대안을 제시하지 않았기 때문이다. 이건 토건 자본의 이해관계 때문이기도 하다. 마치 자동차 산업과 토건 자본을 부양하기 위해 철도 대신 자동차도로만 이중삼중으로 수도 없이 만들었던 상황과 같은 맥락이다. 외국의 경우 많은 섬 주민이 다리 건설을 거부하고 섬의 정체성을 지키는 쪽을 택하고 있다. 이유는 간단하다. 소형 여객선의 대형화, 전천후 여객선 도입, 여객선 야간 운항, 소형 비행기 운항 등으로 정부가 섬 주민들의 교통 불편 문제를 해소해주었기 때문이다. 이제 우리도 섬의 육지화를 멈추고 교통 불편 문제도 해소하면서 섬의 고유성도 지킬 수 있는 정책을 도입할 때가 되었다.

팽나무 가로수길 지나
항일의 땅으로

신안 도초도

섬으로 이민 온 육지 팽나무

　도시 사람에게 팽나무 열매를 먹어본 기억은 거의 없을 것이다. 팽나무 열매는 달다. 열매가 노랗게 익으면 산새들이 달려드는 것은 그 때문이다. 팽나무의 속명은 라틴어 '셀티스Celtis'인데 '열매가 맛있는 나무'라는 뜻이다. 열매가 달콤하니 새들을 배불리 먹여준다. 그래서 팽나무는 다산과 풍요를 상징한다. 마을의 안녕을 보살피는 당산나무 신목으로 모셔지는 것도 그 때문이다. 팽나무는 느티나무처럼 천 년을 살지는 못하지만 그래도 500년쯤은 사는 장수 나무다.

　팽나무는 한 그루만 있어도 주목받는다. 그런데 무려 716그루나 되는 팽나무가 줄지어 서 있는 섬이 있다. 팽나무로만 이루어진 팽나무 가로수길. 세상에 둘도 없는 팽나무 가로수길이 있는 섬은 도초도다. 이 팽나무들은 모두 멀리서 이민 왔다. 버려질 위기에 처해 있거나 애물단지 취급을 받던 나무들을 신안군에서 모셔 와 도초도 초입에서 월포천 수로를 따라 수국공원까지 3~4킬로미터의 가로수길을 만들었고 마침내 도초도를 대표하는 명물이 되었다.

수령이 70~100년씩 된 팽나무들은 2020년 3월부터 전국 곳곳의 야생에서 자란 수형 좋은 팽나무를 기증받아 월포천 둑길에 심은 것이다. 팽나무는 전국 각지에서 왔다. 고흥, 해남, 장흥 등 전라남도 지역은 물론 멀리 충청도와 경상도에서도 왔다. 팽나무들은 저마다 태어나 자란 고향의 이름표를 달고 있다. 고향을 떠나왔지만 이들의 고향을 기억하자는 아름다운 의미다. 팽나무 아래는 수국을 심어 초여름에 꽃이 피면 그야말로 환상의 가로수길이 된다. 이 길이 '팽나무 십리길'이면서 '환상의 정원'이라는 명패를 달고 있는 이유다. 팽나무 가로수길에는 팽나무 716주 외에도 애기동백을 비롯한 4종, 1,004주의 나무와 수국 20만 주, 애기범부채 외에 6종, 30만 주 등 총 50만 1,720주의 나무와 꽃이 있다. 그야말로 환상의 정원이다. 나무와 꽃을 가꾼 신안군과 도초도의 노력이 빛을 발해 2020년에는 전라남도 '도시숲 조성·관리 평가'에서 도시숲 분야 우수 사례로 선정되어 대상을 수상했고 2022년에는 산림청 도시 모범숲으로 인증되었으며 한 해 수십만 명이 찾아오는 명소가 되었다.

세상에 둘도 없는 황홀한 팽나무 가로수길

팽나무 가로수길이 이어지는 월포천 주변은 들판이 드넓게 펼쳐져 있다. 가로수길을 걷다 보면 섬이라는 느낌이 들지 않고 내륙의 평야 지대를 걷고 있는 듯한 착각이 들기도 한다. 실상 가로수길 인근 도초도 들판은 신안군에서 가장 넓은 고란평야다. 섬이지만 옛날부터 천석꾼이 나왔다는 이야기가 전해질 정도로 풍성한 들판이다. 그래서 일제강점기에 이 들판은 암태도와 함께 항일 농민항쟁의 무대였다.

악덕 지주와 일제 경찰에 맞서 싸우다

일제강점기 전국 항일 농민항쟁의 도화선이 되었던 암태도 소작쟁의는 널리 알려졌지만 도초도 농민항쟁은 잘 알려지지 않았다. 도초도 소작쟁의는 1925~1926년에 일어났는데 당시 짧은 기간에 〈동아일보〉가 20번 이상 보도했을 정도로 전국적인 사건이었다. 도초도 소작쟁의에는 1924년 암태도 소작쟁의를 촉발시켰던 악덕 지주 문재철이 중심에 있었다. 문재철을 비롯한 윤영현, 중도청태랑, 시야장작, 금정풍마 등의 지주들이 도초도 소작인들에게 무리한 소작료 인상을 단행하면서 소작쟁의가 시작되었다.

특히 암태도 소작쟁의를 촉발시킨 악덕 지주 문재철은 암태도 수곡리 출신으로 일제의 식민 수탈 정책에 편승해 토지 소유를 확대한 전형적인 식민성 지주였다. 1920년대 암태도, 도초도, 자은도 등의 도서 지역과 전라남·북도 등지에 755정보(226만 5천 평)의 토지를 소유한 대지주였다. 암태도에도 약 140정보(42만 평)의 농지를 소유하고 있었다. 1940년대에는 문재철이 소유한 토지가 1,666정보(500만 평)로 늘어났다. 지주들은 1910년대에는 지세地稅와 제반 경비를 공동으로 부담하는 반분타조제半分打租制로 소작료를 징수했는데 1920년대 들어 7~8할의 소작료를 징수해 갔다. 약탈적 소작료 징수를 참을 수 없었던 도초도 소작인들은 1925년 가을 소작쟁의를 개시했다.

도초도 소작쟁의는 1924년 10월 소작인회가 결성되면서부터 시작되어 1926년 2월 15일까지 2년간 이어졌다. 도초도 소작인회는 1924년 10월, 김용택의 주도로 결성과 동시에 소작료율을 낮추기 위한 활동을 시작했다. 소작인회는 지주들에게 답畓에는 4할, 전田에는 3할로 감액을 요구했다. 이를 수용하지 않는 지주를 상대로 소작료불납운동을 진행했다. 도초도 소작인들로 구성된 도초도 소작인회는 지주들이 소작료를 인하하지 않으면 불납운동을 하겠다고 통보했다. 하지만 지주들은 소작인들의 요구를 묵살하고 집달리(집행관)를 보내 소작인들의 재산을 압류하려다 거센 저항으로 집행을 포기하고 돌아갔다. 지주들은 10월 7일 경찰관 4명과 함께 다시 압류를 시도했지만 천여 명의 소작인이 강력히 저항하자 철수했다.

도초도 주민들은 악덕 친일 지주와 일본인 지주 들의 약탈에 맞서 소작료불납운동은 물론 시위 과정에서 순사들에게 돌을 던지거나 순사를 바닷속으로 밀어 넣었고, 일본인 순사부장의 뺨을 때리는 등 일제 경찰을 두려워하지 않고 용감하게 싸웠다. 당시 한반도 내륙의 항일운동에서는 보기 힘든 격렬한 항쟁이었다. 대단한 기개가 아닌가. 도초도 섬사람들은 목숨을 걸고 일제에 맞섰던 것이다.

황해도와 강원도에서도 연대한 전국적 농민항쟁

도초도 주민들의 강력한 저항에 놀란 일제는 무장 경찰 120여 명을 도초도로 들여보내 소작인회 지도자 20여 명을 체포했다. 소작인뿐만 아니라 도초도 주민 대다수는 체포된 주민들의 석방 시위를 벌였다. 이 과정에서 주민 10명이 또 체포되었다. 이에 맞서 주민 200여 명도 식량을 준비해 돛단배를 타고 목포로 나가 목포경찰서 앞에서 함성을 지르며 시위했다. 이때 일제 경찰이 주민들을 무력 진압하며 다수의 부상자가 발생했다.

그 뒤 김용택 등 지도자들이 광주형무소에 수감되자 200여 명의 도초도 소작인은 광주형무소까지 직접 진출할 것을 결의하고 나주까지 걸어갔지만 경찰들이 출동해 목포로 돌아가도록 저지했다. 주민들은 결국 남녀 대표 6명을 광주에 파견하기로 한 뒤 목포로 돌아갔다. 재판 결과 김용택, 김상희, 문상연, 박창진 등 8명이 징역형을 선고받았다. 나머지도 5개월 이상 구금되었고 벌금형이나 면소 판결을 받았다.

김용택은 1927년 출옥했을 때 '도초도 소작쟁의 수노자'로 언론에 보도되었고 도초도 주민들은 경찰의 감시 속에서도 대대적인 환영 행사를 열어주었다. 해방 이후 김용택은 초대 무안군수를 지내기도 했다.

도초도 소작쟁의 기간에는 전국 각지의 다양한 사회단체에서 연대했다. 단체의 대표자를 파견해 진상을 조사하게 하거나 후원금을 보냈다. 조선청년동맹, 조선노농총동맹, 경성노동회, 원산노동회, 순천농민공제회, 전라노농연맹, 개성자유회위원회, 경북안동사상회, 창원청년연맹, 철원청년회 등이 함께했다. 경성은 물론 황해도와 강원도 각지에서 지원과 후원금을 보내며 연대했다. 암태도 소작쟁의와 함께 일제강점기에 대표적인 항일 농민항쟁이었다. 오늘날 도초도 팽나무 가로수길에는 이토록 숭고한 섬사람들의 항일운동 역사가 깃들어 있다. 팽나무 가로수길과 화려한 수국의 향연을 만끽하면서 잠깐 눈을 돌려 도초도 들판에 깃든 역사도 기억해보라. 그러면 도초도 여행은 또 다른 의미로 가슴 깊이 각인될 것이다.

3부

섬에는 사람이 있다

여자, 여자,
온통 여자뿐인 섬

여수 여자도

여자도 가는 배도 여자호

"여자도라는 섬이 있다"라고 하면 여자들만 사는 섬이냐는 실없는 농담이 돌아온다. 여자도가 있는 바다마저 여자만이니 왜 아닐까. 더구나 여수의 백야도 선창에서 여자도를 오가는 도선 이름까지 여자호다. 온통 여자뿐인 지명들. 여인들만 산다는 전설 속의 섬이 혹시 여자도였을까. 덩달아 실없는 상상을 하게 만드는 섬이다.

여자호는 여자도 사람들의 바다 마을버스다. 예전에는 13명 정원의 작은 배 '금진호'가 섬달천과 여자도를 운항했다. 지금은 2014년에 정부 지원으로 건조된 47인승 여자호가 다닌다. 배가 작을 때는 바람이 조금이라도 불면 위험해서 못 뜨기 일쑤였지만 이제는 사정이 조

여자도의 밤 산책길은 신비로 가득하다.

금 나아졌다. 여자호는 여자도 마을에서 위탁받아 운영하고 있는데 여자호 선장이 여자도 주민이라 섬사람들은 마음이 든든하다. 하지만 선장이 1명뿐인 까닭에 풍랑주의보로 통제될 때만 쉴 수 있다. 주말은 물론 명절에도 쉬지 못하고 운항하니 많이 힘들다. 그래도 선장은 섬 주민들이 편리해졌다고 좋아해서 보람이 크다.

여자도는 여수 서쪽의 고흥반도와 동쪽의 여수반도, 북쪽의 순천 사이에 호수처럼 움푹하게 들어와 있는 여자만 중심의 섬이다. 여자만 위의 순천 쪽 바다는 순천만이다. 여자들만 사는 섬은 아니지만 여자도를 비롯한 여자만 섬들의 주인공은 여자들이었고 지금도 여자들이다.

여자도에서는 '똥꼬막'이라고도 부르는 새꼬막을 주로 키우고, 봄부터 초여름까지는 낙지를, 여름 끝물부터 가을에는 전어를 주로 잡는다. 여자도 인근의 장도, 지주도 등을 포함한 여자만 갯벌은 꼬막의 주산지다. 흔히 꼬막의 대명사를 벌교 꼬막으로 알고 있지만 꼬막은 대부분 여자만 갯벌에서 생산되니 '여자만 꼬막'이라 불러야 옳을 터다.

여자만 갯벌에서 기다란 널판으로 만든 펄배를 타고 다니며 꼬막과 낙지를 잡는 것은 전부 여자들이다. 그러니 어찌 여자만 갯벌의 주인공이 여자가 아닐까. 이 갯벌을 주름잡는 여자들이 아니었다면 여자만 섬들의 살림살이와 아이들 교육은 어찌 가능했을까. 여자만이 조개와 낙지와 물고기 들을 키워 여자들로 하여금 그들의 가계를 살찌게 했으니, 여자만은 정녕 여자들의 바다다.

넘자, 큰 여자 섬

여자도는 하나의 섬이 아니다. 대여자도와 송여자도, 나란히 붙어 있는 두 섬을 함께 부르는 이름이다. 대여자도는 '대大' 자가 붙었지만 송여자도에 비해 크다는 의미일 뿐 0.59제곱킬로미터(17만 8,475평)의 작은 섬이다. 해안선 길이라 해봐야 7.5킬로미터다. 비좁은 섬에서 복닥복닥 200여 명의 주민이 살아간다. 여자도의 한자 말은 '너 여汝' 자에 '스스로 자自' 자이다. 본래는 '넘자' 섬이라 불렀다. 섬이 너무 낮아 파도가 섬을 넘을 정도라고 해서 넘자 섬이라 했다는 것이다. 실제로 큰 태풍이 오면 파도가 섬을 넘기도 했다. 넘자 섬이 여자도가 된 것은 한글 이름을 한자로 표기하는 과정에서 비롯된 듯하다. 여자도의 노인들도 어릴 적에는 여자도를 넘자로 불렀고 다른 섬사람들도 넘자라 했다. 그래서 지금도 여자도가 속한 여수 화양면 노인들은 여자도라는 이름보다는 넘자라 부르는 이가 더 많다.

옛 기록에는 넘자 섬이 아니라 '여음주도', '여음자도', '대여자도', '여자도' 등의 한자 지명들만 남아 있다. 조선 영조 때 각 읍에서 편찬한 읍지를 모아 편찬한 전국 읍지인 『여지도서』에는 낙안군 '여음주도汝音朱島'라는 섬이 나오는데 이것이 여자도다. 『낙안군 지도』는 "여음자도汝音自島는 벌교리로부터 물길 30리 떨어져 있으며, 수심은 10척이다"라고 기록하고 있고 〈영남호남 연해 형편도〉에도 '여음자도汝音自島'로 기록되어 있다. '여음주도'나 '여음자도'는 넘자 섬을 이두식(한자의 음과

뜻을 빌려 우리말을 적은 표기법)으로 표현한 것으로 짐작된다. '대여자도大汝自島'라는 지명은 18세기에 제작된 『비변사인 방안지도』의 호남 낙안군 지도에 등장한다. 1750년대 초에 제작된 회화식 군현지도집인 『해동지도』에는 대여자도, 여자도, 장도, 해도 등이 함께 표기되어 있다. 여러 기록으로 보아 여자도라는 지명은 18세기부터 쓰인 것으로 보인다.

솔넘자, 작은 여자도

송여자도는 본래 '솔넘자'였다. 고어인 '솔'은 '소나무'라는 뜻도 있지만 '작다'는 의미도 있다. 송여자도도 마찬가지다. 넘자 섬 옆의 작은 섬이라 '솔넘자'라 부르다 한자화 과정에서 '송여자도松汝自島'가 된 것이다. 그래서 송여자도는 소여자도라는 이름을 함께 쓰고 있다.

송여자도는 엄청 큰 소나무가 있어 송여자도라고 했다는 이야기도 전해지는데 보호수인 당산나무를 말한다. 이는 후대에 이름과 소나무를 연관시켜 의미를 부여한 것일 가능성이 크다. 진도의 관매도는 원래 '볼매섬'이었는데 이 또한 한자화 과정보다는 뜻에 '볼 관觀' 자에 '매화나무 매梅' 자가 쓰이면서 관매도가 되었다. 본디 섬에는 매화나무가 한 그루도 없었다. 그런데 근래에 이름에 맞추느라 온 섬에 매화나무를 심기 시작했다. 시간이 지나면 매화나무가 많아서 '관매'라고 했다는 지명 유래가 만들어질 것이다. 본디 지명이 만들어지는 일이 이와 같다. 땅이고 사람이고 원래 이름이 있던 것이 아니니 이름의 변화 또한 어찌 보면 자연스러운 흐름이 아니겠는가.

　대여자도와 송여자도 두 섬은 2012년 사람만 건널 수 있는 인도교로 이어져 지금은 한 섬이나 진배없다. 그래도 도선 여자호는 대여자도와 송여자도 2곳을 모두 기항한다. 여자도에는 대동마을, 마파마을, 송여자마을 등 3개의 마을이 있는데 대동마을과 마파마을은 대여자도에, 송여자마을은 송여자도에 있다. 가장 큰 마을은 대동마을이다. 대동마을에는 여수경찰서 출장소와 소라면 신흥초등학교 여자분교가 있다. 마파마을은 지형이 말머리 모양을 하고 남쪽을 향해 있어 이름 붙여졌다고 한다. 또 여름에는 마파람(남풍)이 많이 부는 마을이라 '마파마을' 혹은 '마파지'라 했다고도 한다.

　여자도에는 곳곳에 섬살이의 곡진한 사연이 깃든 지명이 남아 섬의 역사를 증거한다. '외막골'은 마을에서 떨어진 곳이다. '붉은독'은 붉은 바위의 해변이고, '질고지'는 두 질(길)이 서로 만나는 곳이다. 활처럼 휜 해변은 '활꼬밭'이다. 왜적으로부터 마을을 구한 최장군의 전설이 내려오는 곳은 '장사바구'다. 대동마을 끝자락에는 '각시바위'가 있는데 효성이 깊은 며느리가 앞을 못 보는 시아비를 봉양하기 위해 바닷가로 나가 고동을 잡다가 파도에 휩쓸려 죽었다는 전설이 전해진다. 섬 주변에는 동글섬, 납계도, 매물 섬 등의 무인도와 샛여, 검등여 등의 크고 작은 바위섬이 있어 어류가 서식하기에 좋다.

지질 박물관 여자도

　오랜 세월 공도 정책으로 비어 있던 여자도에 다시 사람이 들어와 살기 시작한 것은 임진왜란 무렵이다. 승주군 낙안면 선소에 살던 남원방씨가 처음 입도해 마파마을에 정착하면서 섬은 다시 유인도가 되었다. 그후 초계최씨, 김해김씨, 광산김씨, 김녕김씨 등이 입도해 아직까지 살고 있다. 그래서 섬에서 가장 오래된 집안이라야 입도조가 10대 조상이다. 여자도 해안가 바위는 온통 붉은빛이다. 섬 안의 흙도 붉은빛이다. 바위는 중성화산암이다. 중생대 백악기에 형성된 바위를 따라가다 보면 해변은 그대로 지질 박물관이다.

　여자도는 산이라 할 만한 지형이 없다. 대부분 40~50미터 내외의 구릉이다. 그래서 멀리서 보면 섬은 거의 수평에 가깝다. 거센 파도가 밀려오면 섬을 덮치지 않을까 걱정스러울 정도다. 거센 물결이 섬을 넘어 넘자 섬이라 불리게 되었다는 이야기가 이해되는 풍경이다. 여자만은 한국에서 갯벌 상태가 가장 좋은 2등급 판정을 받았다. 여자만의 갯벌이 좋은 것은 벌교천과 순천의 동천과 상사면, 용수동, 서면, 조례동 등의 지류에서 내려오는 민물이 순천만을 거쳐 여자만까지 들어와 염분 농도를 낮춰주고 이들 하천을 따라 흘러든 토사물이 영양분을 보충시켜주기 때문이다. 이 양분은 꼬막 등의 조개류가 잘 자랄 수 있게 만들어주고 물고기의 먹이를 풍부하게 해준다.

　그래서 여자만 갯벌은 풍성하다. 조개와 물고기가 그렇듯 사람도 먹고살기 좋은 바다와 땅으로 몰려든다. 참꼬막, 새꼬막, 피조개 등은 물론 서대, 붕장어, 전어, 주꾸미, 양태, 꽃게, 새우, 숭어, 물메기까지 수많은 어종이 여자만 바다를 찾아와 먹이 활동을 하고 여자도 사람들은 이 수산물을 포획하거나 키우며 살아간다.

섬의 수호자 최 장사

옛날 섬에는 대부분 관의 수탈이나 극심한 빈곤을 피해 들어온 사람들이 살았다. 하지만 섬이라고 안심할 곳은 못 되었다. 관리들은 부족한 세수를 채우거나 탐욕을 채우기 위해 섬까지 마수를 뻗쳐 왔고 해적들 또한 호시탐탐 섬을 노렸다. 그래서 섬에서는 유독 힘이 센 무인들을 신으로 모시는 곳이 많다. 어청도·외연도의 전횡 장군, 연평도의 임경업 장군, 추자도·사량도의 최영 장군, 완도의 송징 장군, 수우도의 설운 장군 등이 모두 섬의 수호신이다. 여자도에 전해지는 '최 장사' 전설 또한 강력한 보호자를 원하는 섬사람들의 소망이 깃들어 있다. 그 내용은 아주 구체적이다.

임진왜란 중에 여자도로 처음 들어와 살게 된 마파지마을의 입도조 남원방씨는 딸의 사윗감을 구했다. 섬에 해적이 많이 들어오니 섬을 지킬 수 있는 힘센 장사 사위가 필요했다. 방 씨는 보성장에 갔다가 장날 벌어진 씨름판에서 우승한 최 씨를 데릴사위로 맞아들였다.

그러던 어느 날 야심한 시각에 섬을 노략질하러 해적들이 들이닥쳤다. 방 씨는 사위에게 위급함을 알렸지만 사위는 방에서 잠을 자면서 기다리라고만 했다. 드디어 노략질을 마친 해적들이 배에 재물을 가득 싣고 떠나려는데 갑자기 사위 최 장사가 나타나 해적선을 붙잡고 산으로 끌어올렸다. 해적들은 혼비백산해 도망갔고, 이후 여자도에는 해적이 얼씬도 못 했다고 전해진다.

대동마을 샘북골 전설 또한 최 장사와 연관이 있다. 샘북골 바닷가에는 10여 명이 들기도 어려운 바위가 있었는데 최장군이라는 사람이 들었다는 전설이다. 최장군은 방 씨 사위 최 장사였을 가능성이 크다. 섬들은 오늘날에도 여전히 천대받고 소외되어 있다. 기본적인 교통권도 제대로 보장받지 못하고 응급 환자가 생겨도 운이 나쁘면 치료도 받지 못하고 죽는 일이 적지 않다. 섬에는 아직도 섬을 지켜줄 장군 신이 필요한 것일까. 여자도의 '최 장사' 이야기를 들으며 상념에 젖는다.

허기진 날에는
고파도로 가자

서산 고파도

마지막 남은 황금 갯벌

 채워도 채워도 허기진 날에는 고파도로 간다. 허기져도 괜찮은, 고파도 괜찮은 섬으로 간다. 채울 길 없는 허기를 채우지 않아도 괜찮은 섬, 한껏 비워도 괜찮은 섬. 서산의 구도항에서 배를 타고 떠나는 고파도는 가로림만 안의 섬이다. 서해안 갯벌은 세계 5대 갯벌 중 하나다. 1970년대 이후 개발과 간척사업 등으로 서해안 갯벌의 일부인 충청남도 지역 갯벌의 40퍼센트가 사라졌다. 충청남도의 갯벌 중에서 가로림만의 갯벌만이 유일하게 원형이 보존되어 있다. 황금 같은 갯벌.
 서산과 태안의 길게 돌출된 땅이 감싸안은 바다. 서산시 팔봉면·지곡면·대산면과 태안반도 돌출부와 태안군 이원면·원북면·태안읍

등 뭍의 땅이 보듬고 있는 길이 25킬로미터이고, 너비가 2~3킬로미터인 작은 바다. 만 입구를 통해 하루 2번씩 서해 바닷물이 들고나는 가로림만은 바다라기보다 호수처럼 보인다. 땅이 바다를 감싸주니 바다 또한 땅에 사는 이들을 보듬고 보답해준다. 가로림만 갯벌은 인근 해안과 섬사람들의 텃밭이다. 갯벌에서 자라는 굴과 바지락, 낙지 등은 사람들을 한껏 살찌운다. 썰물 때면 갯벌에서 한 사람이 하루 70~80킬로그램씩 바지락을 너끈히 캔다. 힘이 좋은 젊은 사람들은 120킬로그램씩 캐기도 한다. 낙지 철에는 낙지만 잡아 하루 40~50만 원씩 벌고, 잘 잡는 사람은 2달 동안 몇천만 원씩 벌기도 한다. 가로림만 갯벌은 그야말로 노다지가 쏟아지는 금광 같은 곳이다.

그런데 이 가로림만 갯벌은 한동안 위기에 처해 있었다. 전기 생산만을 목적으로 입구 해저에 조력 발전용 댐을 건설하려고 계획했었다. 가로림만의 위기는 박정희 정권 시대부터 시작되었다. 1973년 대통령 박정희가 조력발전소 건설 검토를 지시했고, 1980년 가로림만이 후보지로 선정되었다. 그 후 잠잠하던 계획이 현실화되기 시작한 것은 2007년 포스코건설과 서부발전이 1조 원의 예산을 투입해 세계 최대의 조력발전소 건설 계획을 세우면서부터다. 하지만 환경부의 '환경영향평가'에서 가로림만의 보존 가치가 높게 평가되어 건설 계획이 두 차례 반려되면서 지연을 거듭했다. 그 과정에서 찬반 양측 주민이 대립하기도 했다. 다행스럽게도 해양수산부가 2016년 7월 가로림만을 해양

허기진 날이면 든든하게 속을 채워주던 바지락 섬 (사진: 윤승철)

보호구역으로 지정하면서 조력발전소 건설 계획은 무산되었다. 선진국에서는 생태환경 파괴를 우려해 더 이상 만의 입구를 댐으로 막는 조력발전소를 건설하지 않는다. 대신 물속에 터빈을 세우는 조류발전소를 건설하고 있다. 어디든 더 이상 갯벌을 사라지게 만드는 개발은 없어야 한다.

서산의 섬 고파도는 가로림만 한가운데에 있다. 가로림만에는 고파도를 비롯해 분점도, 우도, 웅도 등의 유인도가 있다. 고파도는 면적 1.09제곱킬로미터(32만 9,725평)에 해안선 길이 4.5킬로미터, 육지와는 대략 800미터 정도 떨어진 섬이다. 가까워도 섬은 섬이다. 풍랑이 일면 뱃길이 자주 끊긴다. 최고봉이라 해봐야 높이가 69미터에 불과할 정도로 섬은 낮은 구릉과 평지로 이루어져 있다. 고파도의 옛 이름은 '파도波島' 혹은 '파지도波知島'였다. 고려시대 고파도에는 '파지도영波知島營'이라는 수군 기지가 있었다. 하지만 후일 파지도영이 서산의 팔봉면으로 옮겨 가면서 파지도는 '옛파지도古波知島'로 불리다 지금의 고파도古波島가 되었다. 섬들의 이름은 고정불변이 아니었으니 이름의 근원을 찾아가는 섬 여행도 흥미롭다.

섬을 살찌우는 굴과 바지락

고파도의 주 소득원은 갯벌에서 난다. 갯벌에서 자라는 굴과 바지락이 섬사람들의 살림 밑천이다. 봄, 여름은 바지락이 가을, 겨울은 굴이 섬을 살찌운다. 바지락 밭이 풍성해 바지락 철에는 한 달에 15일 이상을 수확한다. 공동 작업으로 수익을 공평하게 나눈다. 지난여름에는 너무 더워 바지락 작업을 거의 못 했다. 사람들이 더위 탈까 우려되어서가 아니라 바지락을 위해서다. 바지락을 캐다 나오는 작은 새끼 바지락은 다시 묻어준다. 더 키운 다음에 캐기 위해서다. 하지만 지난여름 불볕더위에는 어린 바지락을 캐냈다 다시 묻어도 펄을 파고 들어가지 못하고 죽을 공산이 컸다. 그래서 작업을 중단했다.

눈앞의 이익만 보지 않고 다음을 기다릴 줄 아는 어업 방식. 고파도 주민들이 봄과 여름에 바지락 작업을 하면 평균 하루 2톤, 1달이면 30톤, 연간 총 200톤 이상을 수확했다. 2017년에는 300톤을 거두어 최고 생산량을 기록하기도 했다. 대단한 갯벌의 힘이다. 가격은 입찰 시세에 따라 다르다. 도시의 소비자들은 섬에서 캔 바지락을 쉽게 접하기도 어려울뿐더러 사더라도 현지보다 몇 배 비싼 값을 지불해야 한다. 중간 유통 단계가 복잡하다 보니 생기는 현상이다. 대체로 먹거리가 그렇지만 바지락 또한 현지에서 먹는 맛이 월등히 뛰어나다. 이동 거리가 멀어 많이 굴릴수록 맛이 떨어진다. 바지락도 스트레스를 받기 때문이다. 여러 유통 단계를 거치는 것보다 직거래로 먹을 수 있다면 훨씬 뛰어난 맛을 볼 수 있을 것이다.

고파도의 굴 양식은 90퍼센트가 반수하식이다. 남해안 굴처럼 내내 바닷속에 잠겨서 크는 수하식이 아니라 물의 들고 남에 따라 물속과 물 밖에서 반씩 자라게 하는 것이 반수하식이다. 그래서 고파도 사람들은 햇볕을 더 많이 받는 반수하식 굴이 더 맛있다고 주장한다. 가을이나 겨울과 같은 굴 철이면 섬에서는 하루 20~30깡(400~600킬로그램) 정도의 굴이 출하된다. 할머니들은 정말이지 쉬지 않고 기계처럼 굴을 잘도 깐다. 10월 중순부터 다음 해 3월까지 수확된 굴은 생굴로 출하되지만 산란기가 시작되는 3~5월에는 굴젓을 담는 젓굴로만 출하된다.

예부터 "보리가 피면 굴을 먹지 말라"고 했다. "벚꽃이 지면 굴을 먹지 말라"는 일본 속담도 있다. 서양에서도 단어에 'R' 자가 들어 있는 달에만 생굴을 먹는다. 'R' 자가 없는 5~8월(May, June, July, August)에는 생굴을 먹지 않는다. 산란을 전후한 시기의 굴에는 독성이 있고 바다에도 살모넬라균과 대장균이 득시글거린다. 산란 직후에도 굴은 맛이 떨어진다. 영양소를 모두 소진시키기 때문이다.

고파도의 굴은 알이 작다. 조수 간만의 차가 큰 가로림만의 조류가 워낙 거세기 때문이다. 강한 조류에 시달리다 보니 크지는 않지만 알이 단단하고 맛도 깊다. 굴은 보통 1년 반 정도를 기른 뒤 출하한다. 2~3년쯤 되면 굴이 죽기 때문이다. 고파도 할머니들은 굴을 까고 바지락을 캐는 데 선수들이다, 오랜 세월 숙련된 장인이다. 그러니 하루 3~4시간씩만 일하고도 연봉 3~4천만 원은 거뜬하다. 물론 땡볕과 얼어붙을 듯한 찬바람을 감내하면서 얻는 고달픈 노동의 대가다. 옛날에는 찬 겨울에 굴을 캐서 거센 물살을 노로 저어 가 머리에 이고 팔러 다녔으니 그에 비하면 지금의 고달픔은 천국이다.

바지락 밭도 방치해서는 안 된다. 1년에 1번씩은 습지 도저wet type dozer나 콤바인, 경운기로 갈아준다. 또 펄이 단단해지지 않도록 모래도 살포한다. 그렇게 관리하니 바지락 수확량이 50퍼센트 이상 증가했다. 퇴적물을 씻어주고 숨구멍을 터주니 산소와 플랑크톤이 잘 들어가서 바지락도 잘 자라게 된 것이다. 고파도 주변 해역에서는 해삼도 잘 자란다. 30핵타르(9만 750평)의 해삼 양식장을 조성했는데, 주민들은 고파도의 큰 소득원이 될 것으로 기대하고 있다. 중국의 한 조선족 출신 사업가는 고파도에서 해삼 양식을 해 중국으로 수출하는 데 크게 성공했다는 평가를 받는다. 한번에 해삼 종패 10억 원어치를 넣어 25억 원의 소득을 올렸을 것으로 추정된다고 했다.

전복 양식을 위해서는 서해안 갯벌연구소에 양식장 1핵타르(3,025평)를 떼어주고 연구를 의뢰했다고도 한다. 새로운 소득원이 창출될 수도 있겠다. 고파도에는 어선업을 하는 가구도 있는데 여름에는 소라, 박하지(민꽃게), 낙지가, 가을에는 꽃게, 주꾸미가, 겨울에는 피조개가, 봄에는 알배기 주꾸미가 주로 잡힌다. 옛날에는 우럭, 장어 등도 많이 잡혔지만 수온이 높아지면서 이제는 잘 잡히지 않는다.

돈보다 소중한 마을의 화합

섬은 동서로 기다란데 남북에 2개의 마을이 있다. 사람들은 북쪽 마을에 대부분 몰려 산다. 선착장이 있는 북쪽 마을은 '서산편 마을'이라 부른다. 서산 방향으로 들어섰기 때문이다. 나지막한 언덕을 넘으면 남쪽 마을에도 몇 가구가 사는데 이 마을은 태안 방향으로 들어섰다 해서 '태안편 마을'이라 부른다. 태안편 마을에는 갈대 무성한 작은 습지가 있다. 본래 100마지기나 되는 간척지 논과 염전이 있던 자리였는데 지금은 방치되어 있다. 주민들은 습지에서 생기는 모기 때문에 힘들다고 하소연이다. 둑을 터서 갯벌로 되돌렸으면 하는 바람이 크다.

태안편에서 오른쪽 샛길로 10여 분을 걸어 들어가면 고파도 해수욕장이 나온다. 지금은 사람이 찾지 않는 쓸쓸한 해변이 되고 말았지만 30여 년 전쯤에는 제법 융성했다. KBS TV 프로그램 〈6시 내 고향〉에서 고파도를 소개한 뒤 한마디로 '빵' 터졌다. 당시 피디가 갯벌에 소라, 낙지 등을 풀게 한 뒤 주민들이 쉽게 소라나 낙지를 잡는 모습이 전파를 타자 난리가 났던 것이다. 그 전해 여름에는 고파도에 200명이 왔었는데 그해 여름에는 3만 명이 몰려들었다. 발 빠른 몇몇 사람은 돈을 긁어모았다. 해수욕장에 방갈로, 샤워 시설은 물론 폐선박이나 비닐하우스로 만든 노래방까지 생겼다.

갑자기 관광객이 몰려들어 돈이 돌자 동네 사람끼리 분란이 일어났고 방갈로 같은 시설은 태풍 '매미' 때 다 날아갔다. 그 후 해수욕장은 폐허처럼 변했다. 일장춘몽이었다. 준비 없이 몰아닥친 관광객들로 공동체는 절단이 나고 점차 관광객도 끊어지면서 섬은 다시 쓸쓸해졌다. 그 여파로 섬사람들은 큰 교훈을 얻었고 섬이 다시 그런 난장판이 되기를 원하지 않는다. 이제는 관광객이 적게 와도 좋으니 마을의 화합이 깨지지 않았으면 하는 바람뿐이다. 섬을 관광 자원화하려는 지자체나 마을 들이 타산지석으로 삼아야 할 뼈아픈 사례다.

저 까마귀는
누구 데려가려고 우나

완도 대모도

툭하면 뱃길이 끊기는 가까운 낙도

    섬뿐일까! 삶을 대신 살 수 없듯 삶의 고통 또한 대신 경험할 수 없다. 삶은 살아보지 않으면 그 고통을 온전히 알 수 없다. 섬에 갈 때마다 가슴이 먹먹하다. 완도의 섬 대모도는 200명이 살지만 구멍가게 하나 없다. 무더운 여름에도 남들 다 먹는 아이스크림 하나 살 수 없다. 과자 한 봉지, 라면 하나도 쉽게 구할 수가 없다. 생필품은 하루에 2번 운항하는 여객선을 타고 완도로 나가 사 오거나 여객선 편에 완도의 상회로 주문해서 받아야 한다. 하지만 툭하면 끊기는 뱃길 때문에 그마저도 쉽지 않다.

    교통 단절은 겨울이 가장 극심하지만 봄이나 여름 또한 그에 못

바람을 막기 위해 성곽처럼 높이 쌓은 돌담

지 않다. 지난겨울 대모도는 여객선이 다닌 날이 1달 평균 9일 정도에 불과했다. 3달이나 되는 겨울 동안 1달가량이나 배가 못 다닌 것이다. 일주일에 고작 하루나 이틀만 배가 뜨니 생필품 부족이 극심했고 수도가 얼어 화장실도 쓸 수 없었지만 속수무책이었다. 뿐만 아니다. 응급 환자가 생겨 119를 불렀는데 1시간이 지나 해경 배가 왔다. 그마저도 기항하기 어렵다며 배가 항구까지 들어오지 않아 생사를 오가는 환자를 출렁이는 작은 어선에 싣고 바다 한가운데까지 가서야 육지의 병원으로 내보낼 수 있었다. 응급헬기가 있어도 밤에는 위험해서 뜨지 않아 무용지물이다. 섬사람들은 교통뿐만 아니라 의료의 사각지대에 살고 있다.

봄도 다르지 않다. 툭하면 안개 때문에 배가 뜨지 않는다. 완도에서 13킬로미터 거리에 불과하지만 섬은 오지 낙도다. 완도를 오가는 배는 하루에 2번 운항한다. 도심에서 불과 13킬로미터 거리의 육지 마을에서 외부로 통하는 교통수단이 하루에 두 차례뿐이라고 생각해보라. 견딜 수 있겠는가. 대모도는 여객선 제도의 모순 때문에 더 큰 고통을 겪고 있다. 작은 섬이라 겪는 아픔이기도 하다. 대모도 해역은 청산도보다도 가까운 바다에 속해 있지만 더 먼 섬 청산도에 배가 다니는데도 대모도에는 배가 뜨지 못하는 날이 허다하다.

대모도는 '국가보조항로'다. 사람이 적게 사는 섬만 순회하는 마을버스 같은 작은 여객선이 국가의 보조를 받아서 다닌다. 대모도 항로의 끝은 먼바다의 섬 여서도다. 그러니 먼바다에 풍랑주의보가 내려 여서도에 들어갔던 배가 묶이면 풍랑주의보가 내리지 않은 대모도에도 배가 오지 못한다. 지난겨울에도 청산도에는 배가 잘 다니는데 여서도에 묶인 배 때문에 일주일에 평균 3~4일씩 배가 못 다녔다. 봄에는 안개 때문에 여서도에 배가 묶여 5일 연속으로 배가 못 뜨기도 했다. 파도 하나 없이 잔잔한 바다에 더없이 맑은 하늘인데 배가 다니지 않으니 대모도 주민들은 환장할 노릇이었다. 결항이 되면 대체 여객선이 있어야 마땅하지만 없었다. 정부의 무관심이 섬 주민들의 교통권을 더욱 악화시켰다. 육지라도 그랬을까.

여름엔 오리 죽, 겨울엔 삼치 죽

면적 4.15제곱킬로미터(125만 5,375평)의 대모도는 완도군 청산면에 속한 섬이다. 인접한 소모도와 함께 '모도'로 통칭된다. 대모도에는 모동리, 모서리 2개의 마을이 있고 소모도는 '모북리'라 한다. 주민들이 '동리'라 부르는 모동리에는 면출장소와 보건진료소, 우편취급국 등의 행정 관청이 몰려 있다. 노인당으로 가는 길, 동리 노인들이 잠시 마을 정자에 둘러앉았다. 서강례 할머니의 본래 이름은 넘예다. 강례는 호적상 이름. 22살에 서리에서 시집와 내내 동리에만 살았다. 할아버지가 이승을 뜨신 지는 8년째다. "잘 갔제라. 둘이나 살아 있으면 얼마나 성갔겠소. 자식들만 성가시제."

평생 자식들을 위해 살아오셨는데 그도 모자라 지금도 오로지 자식들 걱정이다. 갑자기 근처에서 까마귀가 운다. "저 까마구는 누구 데려갈라고 우냐. 미자야 좀 물어봐라." 할머니는 옆에 있는 아주머니에게 말을 툭 던져놓고 또 한 말씀. "나 데려갈라고 우는 갑다." 할머니들은 모두 호미처럼 등이 굽었다. 오랜 노동이 만든 자국. 한 할머니는 앉았다 일어나는 것도 고통스러워 내내 정자 난간에 기대고 서 있다. 슬프고도 슬픈 풍경이다. "인자 노인당으로 가세." 노인들은 노인당을 향해 무거운 발길을 옮긴다.

섬마을의 점심시간. 모도 동리 주민 20여 명이 경로당에 모여 공동 식사를 한다. 특별한 날이 아니라도 주민들은 함께 밥상을 나눈다. 오늘은 오리 2마리로 죽을 끓였다. 오리 죽 한 그릇씩에 더위도 거뜬하다. 섬사람들이 고통스러운 섬살이를 이겨낼 수 있었던 것은 공동체가 있기 때문이다. 가족처럼 서로 살피고 살아가는 이웃이 있기 때문이다. 오늘은 여름이라 오리 죽을 먹었지만 대모도의 겨울철 공동체 음식은 삼치 죽이다. 이 바다는 삼치가 많이 나기로 유명하다. 그래서 예전에는 청산도에 삼치 파시가 서기도 했다. 지금도 가을부터 봄까지는 모도 바다가 삼치잡이 어선들로 흥청거린다. 삼치잡이 나간 마을 사람들이 노인들에게 삼치를 선물하면 다들 노인당에 모여 삼치 죽을 끓여 먹으며 논다. 삼치만 푹 삶은 뒤 뼈는 골라내고 거기에 쌀과 마늘, 파만 넣고 푹 끓여 먹는다. 그보다 더한 보양식이 또 없다.

모도는 '띠 모茅' 자를 쓰는 그 이름처럼 띠가 많았다. 실제로 재래식 김 양식을 많이 하던 시절에는 모도의 띠가 효자 상품이었다. 완도 섬에서 김 양식을 하는 어민들은 대부분 모도의 띠를 사다가 김을 말리는 도구인 발장을 만들었다. 지금은 플라스틱 발장이 나와 더 이상 띠의 효용이 없어졌다. 띠는 또 지붕을 덮는 재료로도 이용되었는데 초가지붕이 1년 간다면 띠로 엮은 지붕은 10년도 갈 정도로 썩지 않고 방수가 잘되었다.

고려시대 말, 조선시대 초부터 시작된 공도 정책으로 비워져 있던 대모도는 1620년에 마씨와 방씨가 다시 입도하면서 사람살이의 맥이 이어졌다. 모서리 마을회관 뒤편에서 선사시대부터 고려시대에 이르는 유물이 발견되었는데, 토기와 청자, 녹청자편 들이었다. 선사시대부터 내내 사람이 살았다는 증거다. 모서리 마을 뒤편에는 구들장 논도 남아 있다. 구들장 논은 청산도만의 문화가 아니었다. 대모도, 여서도 등 여러 섬에도 그 유적이 남아 있다.

젊어 고생했으니 늙어 아등바등 일할 필요 없지

대부분이 노인 가구인 섬은 여전히 농사일이나 해초 채취로 생계를 이어간다. 섬에는 소득이 높은 양식업을 하는 주민이 많지 않다.

동리에서는 한 가구가 김 양식을 하는데, 서리에서는 양식업을 좀 더 많이 한다. 그래봐야 서리도 전체 56가구 중 7가구다. 양식업을 하는 가구들은 김, 미역, 다시마, 전복 등을 길러 큰 소득을 올린다. 미역과 다시마는 주로 전복의 먹이로 기른다. 양식업이 가능하니 서리에는 젊은 사람들도 더러 있다. 도시에 나가 살던 자식들을 불러들여 부모가 하던 양식장 사업을 같이하거나 물려주기 때문이다.

같은 섬이지만 동리에서 양식업이 발달하지 못한 것은, 큰 바다로 면한 지형적 여건 때문이기도 하지만 서로 다른 가치 지향의 풍토 때문이기도 하다. 모험과 안정, 지형과 문화적 풍토의 차이가 기질적인 차이를 만들었고 종사하는 직업군을 다르게 만들었다. 동리 주민의 자녀 중에서는 공무원이 많이 나왔다. 반면 서리는 사업에 성공한 사람이 많다. 두 마을은 귀향인들의 면모에서도 차이가 난다. 양식업을 할 수 있으니 서리는 주로 젊은 층이 귀향해서 보다 활기찬 반면, 동리는 공무원으로 일하다 정년퇴직 후 귀향하는 일이 많아 동네가 상대적으로 차분한 편이다.

그래서 두 마을의 노인들도 기질이 상반된다. 동리 할머니들은 잠시도 노는 법이 없다. 뙤약볕에 나가서도 일을 멈추지 않는다. 일개미처럼 살아온 일생이다. 노인들은 그토록 어렵게 길러낸 작물을 이고 지고 가서 자식들에게 준다. 오로지 자식만을 위한 삶이다. 반면 서리 노인들은 '즐기며 살자' 주의다. 젊어서 고생했으니 늙어서는 아등바등

비디오 아트처럼 그 자체로 설치 예술이 된 전복 양식장

일할 필요가 없다고 생각한다. 어느 것이 옳은 삶이라고 누가 단정할 수 있을까. 삶의 목적이 다르니 각자의 삶에서 행복을 얻는다면 그뿐 아니겠는가. 그래도 나그네는 늙어서까지 고통을 참아가며 자식에게 헌신하는 동리 어르신들이 안쓰럽다. 노인층이 다수인 동리는 작년까지만 해도 80세 노인이 이장을 했는데 올해는 조금 젊어졌다. 그래도 65세다. 건너 섬 소모도에 비해서는 한결 나은 편이다. 소모도는 젊은 사람이 없는 노인들의 섬이다.

작은 섬이지만 대모도는 항일운동이 거셌다. 서훈자만 6명이나 된다. 모도 항일운동의 근거지는 1921년 서리에 세워진 개량서당, 모도원숙이었다. 소안도의 사립 소안학교가 그랬던 것처럼 모도원숙은 항일의식의 배양장이었다. 1923년 9월에는 모도원숙 지원을 명분으로 모도 '배달청년회'가 세워졌다. 배달청년회는 모도 항일운동의 실행 조직이었다. 모도 배달청년회의 서기였던 서재만은 항일운동의 핵심이었다. 배달청년회의 회의가 열릴 때마다 서재만은 애국가와 혁명가를 합창하고 "조선 독립 만세"를 3번 외치게 하는 등 항일운동을 했고 모도원숙 학생들에게도 애국가를 가르치며 민족 독립사상을 심어주었다.

또 모도 배달청년회는 "일본인 및 친일하는 사람을 동정하지 말고 그들과의 교제를 단절할 것", "경찰 당국 및 일본인을 파괴할 것", "우리는 절대로 대한大韓을 위해 활동할 것" 등을 결의했다. 항일운동을 주도한 혐의로 서재만은 결국 경찰에 체포되었고 1926년 6월 29일

칙령 제7호 위반으로 징역 6개월의 옥고를 치렀다. 1993년 건국훈장 애족장이 추서되었다. 작은 섬이지만 대모도의 항일운동이 활발했던 것은 항일운동의 중심지인 인근 섬 소안도의 영향을 받았기 때문이다. 일제로부터 민족을 해방시키기 위해 앞장섰던 항일의 섬. 그 후예들은 국가로부터 합당한 예우를 받고 있을까. 실상 모도 사람들이 바라는 것은 대단한 예우나 육지 사람들과 다른 혜택이 아니다. 동정도 아니다. 그저 육지 사람들의 절반만이라도 기본권을 누리고 살게 해달라는 것뿐이다. 똑같이 세금을 내고 사는 국민인데 섬사람들은 언제까지 교통과 의료복지 등에서 차별받고 살아야 할까.

팥죽 한 그릇 먹고 가
여수 송도

팥죽 한 그릇의 희망

"밥 먹고 가." 나그네가 섬을 다니며 가장 많이 들었던 말이다. 오늘 또 송도에서 골목길을 지나는데 어머니들이 발길을 붙든다. "죽 한 그릇 먹고 가." 골목의 작은 평상에서 만찬이 벌어졌다. 할머니 세 분과 보건진료 소장님이 둘러앉아 팥죽을 나누고 있다. 아! 얼마 만에 보는 팥죽인가. 어린 시절 여름이면 마당에 덕석을 깔아놓고 온 가족이 둘러앉아 먹었던 별미. 팥죽은 남도 섬 음식이다. 남도 섬에서 '팥죽'이란 팥칼국수를 말한다. 쌀이 금만큼 귀했던 작은 섬에서 쌀로 만든 새알심이 들어간 팥죽은 언감생심, 구경도 해본 적이 없었다. 밀 농사를 짓고 수확한 뒤 말려서 절구통에 찧어 만든 거친 밀가루로 요리한 칼국수. 팥을 넣고 끓이면 '팥죽', 멀건 국물에 끓이면 '밀죽' 혹은 '밀때죽'이라 했다. 팥 대신 칼국수 면에 녹두를 넣으면 '녹두죽'이었다.

거친 밀가루로 만든 국수였지만 밥알이 따로 노는 찰기 없는 꽁보리밥만 먹다 가끔 맛보는 달달한 팥죽은 최고의 특식이었다. 쌀 한 톨 구경하기 어려울 정도로 가난했던 시절이지만 지금 생각해보면 무농약 밀로 만든 최고의 건강식을 먹고 살았던 것이다. 어머니들 곁에 끼어 앉아 따뜻한 팥죽 한 그릇을 얻어먹고 나니 온몸이 따뜻해진다. 이것이 섬의 마음이다. 섬은 무서운 곳이 아니라 따뜻한 곳이다. 외지고 작은 섬일수록 인정이 넘친다. 오늘 또 고향 같은 섬에서 팥죽 한 그릇을 얻어먹었다. 따뜻한 섬의 마음으로 주린 영혼을 채웠다.

송도는 여수의 섬이다. 지금은 여수와 다리로 연결된 돌산도의 새끼 섬이다. 돌산읍사무소가 있는 군내리 바로 앞의 섬이다. 동서로 길게 뻗은 송도가 천연 방파제 역할을 하는 덕에 군내리에는 풍랑에도 안전한 돌산항이 들어설 수 있었다. 조선시대 전라좌수영 산하 방답진의 선소가 군내리 인근에 있었던 이유도 송도 덕이다. 송도가 파도와 바람을 막는 동시에 적의 시야로부터 군사시설을 은폐시켜주었기 때문이다. 이제 육지가 된 돌산도와는 100미터 거리에 불과하지만 송도는 여전히 낙도. 배를 타야만 건널 수 있고 지척에 육지를 두고도 폭풍주의보가 내리면 꼼짝없이 고립되는 숙명을 안고 살아간다.

0.953제곱킬로미터(28만 8,282평)에 불과한 땅에 70여 명이 살지

만 한때는 105가구에 700명 가까이 되는 주민이 살기도 했다. 1850년대 진주강씨가 처음 입도하면서 강씨 집성촌을 이루고 살았다고 전한다. 송도는 '남송도南松島'라 불리기도 했는데 두 이름 다 '소나무 송松'자 송도다. 섬에 소나무가 많아서 '송도'라는 이름으로 불렸다는 유래가 전해지는 이유다. 그런데 송도라는 이름은 소나무가 많아서 붙여졌을까. 물론 그럴 가능성도 있다. 하지만 이 나라에는 송도라는 이름을 가진 섬이 수도 없이 많다. 그런데 송도라는 이름의 섬은 대부분 작다. 그럼 소나무가 훨씬 더 많았고 심지어 황장봉산黃腸封山(황장재 생산을 목표로 한 봉산)으로 봉해 나라에서 직접 소나무를 보호하고 관리했던 금오도같이 큰 섬은 어째서 송도라는 이름을 갖지 않은 것일까. 왜 유독 작은 섬만 송도라 했을까.

소나무가 많아서가 아니라 섬이 작아서 송도

조선시대 이 땅에는 소나무가 어디나 많았다. 섬들 또한 소나무가 많기는 마찬가지였다. 조정에서 송금松禁 정책으로 소나무를 적극 보호했기 때문이다. 오랜 세월 벌목으로 더 튼튼한 나무들은 소멸했고 궁궐 건축이나 전함 등을 만드는 데 목재로 쓸 만한 나무는 소나무밖에 없었다. 그래서 소나무를 몰래 베어내면 사형에 처할 정도였으니 이 땅 어디에나 넘치는 것은 소나무였다. 소나무가 많아 송도라는 이름이 붙여졌다는 유래가 설득력이 없는 것은 그 때문이다. 송도라는 이름은 대체로 큰 섬이나 해변에 붙은 작은 섬에 많이 남아 있다. 거기서 송도라는 이름의 유래를 유추해볼 수 있다. 송도의 한글 이름은 솔섬이다. 그런데 우리말 '솔'은 '소나무'라는 뜻도 있지만 '가늘고 작다'는 뜻도 있다. 솔섬의 유래는 작다는 뜻일 가능성이 큰 것이다. 송도라는 이름이 대체로 큰 섬이나 내륙에 딸린 작은 섬에 붙여진 것은 그 때문이 아닐까 싶다.

송도행 여객선은 돌산도 군내리항에서 뜬다. 배가 자주 없으니 배 시간까지는 2시간이나 더 기다려야 한다. 어찌해야 할까 서성이다 마침 송도에서 건너왔다 들어가는 어선을 얻어 탔다. 선장님은 오랫동안 어류 양식을 하다 나이가 들어 이제는 그만두셨다. 10분 거리의 섬이지만 자기 배가 없는 주민들의 교통 불편은 말할 수 없이 크다. 물론 하루에 배가 1번씩만 다니는 먼바다 낙도에 비하면 불편하다는 말이 무색하지만 100미터밖에 안 되는 거리를 생각한다면 교통 불편에 대한 박탈감을 이해할 수 있다. 여객선은 하루 5번 왕복하는데 송도에만 다니는 것이 아니라 주변의 화태도, 월호도, 대횡간도까지 순회하는 마을버스 같은 노선이라 2번은 역방향으로 운항하는 까닭에 10분 거리를 1시간이나 걸려서 도착해야 한다. 안타까운 일이다.

송도마을 앞바다는 호수처럼 아늑하다. 주변의 크고 작은 섬, 금오도, 개도, 화태도, 월호도 등이 둘러싸고 있어 송도는 오랜 세월 큰

파도에도 안전했다. 그래서 송도 앞바다에는 양식장이 많다. 송도 앞에는 장구처럼 허리가 잘록해서 '장구섬'이라 불리는 무인도가 있다. 이 장구섬은 또 다른 방파제다. 여러 섬의 호위를 받으며 송도 사람들은 양식장에서 감성돔, 농어, 우럭 같은 어류를 키운다. 요즈음은 참숭어의 인기가 좋아 참숭어 양식도 점차 늘어나는 추세다.

선장님을 따라 송도에 내리니 마침 뱃머리의 집이 선장님 댁이다. 선장님의 부인이 젓갈을 달이고 있다. 2년 넘게 삭힌 멸치젓을 걸러낸 뒤 다시 그 액젓을 가마솥에 끓인다. 액젓 달이는 냄새가 구수하다. 일반적으로 액젓은 날것 그대로 쓰지만 끓여서 쓰기도 한다. 끓이면 오래 보관할 수 있기 때문이다. 이 액젓은 멸치와 고노리(까나리)를 반반 섞어서 만들었다. 김장 때 쓰고 친척들에게도 나눠줄 생각이다. 액젓을 달이는 가마솥 옆에서는 할머니 한 분이 그물 손질에 한창이다. 어디에 쓰시려는가 물으니 바다가 아니라 밭에 쓰실 거란다. 고라니가 밭의 곡식을 다 뜯어 먹으니 그물을 치지 않으면 농사를 지을 수 없어서다. 누군가 양식장 그물로 쓰다 버린 것을 주워다 재활용하는 참이다.

요즘 섬들은 고라니나 멧돼지의 등쌀에 농사를 짓기도 어렵다. 고구마 농사는 다들 포기했다. 멧돼지가 다 파먹기 때문이다. 고라니나 멧돼지는 바다를 헤엄쳐 섬들을 옮겨 다니며 먹이를 구한다. 멧돼지 꼬리를 물고 여러 놈이 차례로 헤엄쳐 온다. 할머니는 그런 모습을 여

평생 지고 온 무거운 짐을 잠시 내려놓고.

러 번 목격했다. 물론 진짜 꼬리를 물고 오는 것은 아니다. 앞 놈 똥구멍 가까이 붙어 고개를 쳐들고 헤엄쳐 오는 모습이 흡사 꼬리에 꼬리를 물고 오는 듯 보인다는 말씀이다. "돼지가 세 마리씩 한꺼번에 오고 그래. 와가지고 먹을 것이 없으면 그냥 가버리고." 물길을 따라 섬을 떠돌며 먹이를 찾는 멧돼지의 모습이 눈에 선하다. 사람이나 동물이나 참 먹고살기 힘든 세상이다.

강원도의 끝 거진에서 여수 섬으로

송도에서 태어난 할머니는 젊은 시절 육지를 떠돌다 다시 섬으로 돌아와 정착했다. "여그서 나서 오만 천지로 갔다가 돌아왔소. 파주 횟가루 공장에도 다니고 강원도 거진 가서 살기도 하고." 22살 새색시 적에 남편을 따라 북쪽 끝 거진항에 사는 시부모님을 찾아가 1년 남짓 살았던 적이 있다. 시부모님이 거진에 자리 잡고 고기잡이를 하며 살았기 때문이다. 남편은 시아버지의 배를 타고 다니며 문어랑 새치를 주로 잡았다. 동력도 없는 노 젓는 배, 조업이 끝나고 돌아오면 떠내려가지 말라고 모래사장으로 끌어올려서 보관하고는 했다. 그때는 '물 반 고기 반'이던 때라 나갔다 하면 문어고 새치고 한 배 가득 잡아 왔다. 문어는 두 사람에서 못 들 정도로 컸다. 진짜 대왕문어가 넘치던 시절이었다.

수상 가옥에서 생활하며 어류를 양식하는 고단한 섬의 삶

요새 방송에 대왕문어라고 나오는 것을 보면 우습다. "테레비 보면 쬐깐한 걸 대왕문어라고 해. 그건 새끼들이지." 어른 몸보다 컸던 대왕문어, 대물들의 시대는 가고 잡히는 것들은 나날이 작아진다. 그때가 1960년대 말이었다. 거진에 1년만 살았던 것은 "난리가 난다는 소문" 때문이었다. 다시 전쟁이 날지도 모른다는 흉흉한 소문이 돌자 사람들은 하나둘씩 보따리를 싸서 거진을 떠났다. 그때 할머니 가족도 거진을 떠나 파주로 이사했다. 살던 집은 2만 원을 받고 팔았다. 파주에서 다시 2년을 살다가 고향 송도로 귀향했다.

처음에는 무동력선에 경운기 엔진을 달고 고기잡이를 하며 살았는데 친정 동생이 4백만 원을 들여서 새 배를 지어다 줬다. 그 배로 '고대구리(저인망 어업)'를 해서 자식 넷을 키우고 다 교육시켰다. 아들 둘은 광주에서 대학까지 졸업시켰다. 딸 둘은 돌산 읍내에서 고등학교까지 보냈다. "느그는 배 안 타고 살게 해줘야겠다"며 기를 쓰고 돈을 벌어 교육시켰다. 그래서 농토도 제대로 장만하지 못했다. 남은 것은 겨우 낡은 집 1채. 남편은 진즉에 세상을 떴다. "요샌 딸들이 왜 우리는 고등학교만 갈쳤냐고 원망도 합디다." 그때는 다들 아들이 최고라고 믿었던 시절이었다. "요샌 어떠세요?" 여쭈니 돌아오는 답이 씁쓸하다. "없이 살아도 딸들이 더 효도합디다."

뻘이 다 썩어서 고기가 안 살아요

2000년대 초까지만 해도 송도에는 저인망 어선인 고대구리가 60척이 넘었다. 2003년에 노무현 정부가 들어서면서 어족 자원 보호를 명분으로 "치어까지 싹쓸이한다"는 누명을 쓰고 고대구리 어업이 전면 금지되었다. 그 뒤 송도는 급격히 쇠락의 길을 걸었다. 인구도 10분의 1로 줄었다. 저인망 어업이 금지되고 15년이 지났다. 어족 자원은 다시 회복되었을까. 송도 주민들은 "고기가 더 귀해졌다"고 말한다. 어느 섬을 가도 듣던 소리다. 바닷속을 뒤집어줘야 수초도 자라고 물고기도 서식하는데, 퇴적물이 쌓이면서 바닷속이 사막처럼 변했다. 수초가 자라지 않으니 물고기들이 서식할 수 없게 된 것이다. 거기다 대형 어선은 먼바다 입구를 지키다 어군탐지기를 이용해 쫓아다니며 다 잡아들인다. 그러니 섬 근처에서만 조업하는 작은 어선은 고기를 잡으려야 잡을 것이 없다.

결국 송도 사람들은 어쩔 수 없이 양식 어업을 하거나 문어나 장어를 조금씩 잡으면서 살아간다. 문어는 문어 건지로 잡고 장어는 통발이나 주낙으로 잡는다. 문어 건지란 갈고리 모양의 외줄낚시인데 갈고리에 고등어 토막 등을 끼워 문어를 낚는다. 자본이 없어 큰 배를 마련할 수 없으니 먼바다로 나갈 수도 없다. 고대구리가 사라졌어도 대형 저인망 선단의 싹쓸이 조업은 더 많아졌고 연안 바다는 점점 더 씨가 말라간다. 고대구리를 다시 허용해야 한다는 어민들의 볼멘소리가 근거 없는 이야기는 아닌 듯하다. 바닷속은 온갖 그물과 쓰레기가 뒤덮어버렸다. 낚시꾼들이 버리는 납이며 떡밥, 가짜 미끼도 갯녹음화에 일조한다. 송도 주민들은 낚시꾼이 어린 새끼들을 마구 잡아가는 것도 문제라고 지적한다. "힘드네요. 섬이라도 사는 게 힘들죠. 해안 뻘(펄)이 다 썩어서 고기가 안 살아요." 그물 손질을 하던 어부의 깊은 한숨이 적막한 송도 앞바다를 울린다.

고통의 바다를 떠가는
자비의 배

여수 돌산도

거북선을 만들던 섬의 조선소

'여수 돌산도' 하면 떠오르는 이미지는 갓김치와 향일암 정도다. 대중이 아는 돌산도에 대한 지식도 여기서 그친다. 하지만 돌산도는 그보다 더 깊은 역사와 문화가 깃들어 있다. 돌산도는 70.3제곱킬로미터(2126만 5,750평) 면적에 1만 4천여 명의 주민이 살고 있는데 해안선 길이가 104킬로미터나 된다. 1984년 돌산대교로 여수와 연결되었고 2012년에는 거북선 대교까지 개통되어 육지로 편입되었다. 「섬개발촉진법」에서는 다리나 방조제로 육지와 연결된 지 10년이 넘은 섬은 섬으로 여기지 않는다. 섬의 특성이나 고유한 문화가 사라졌기 때문이다. 더 이상 섬이 아니지만 한 시절 위세가 대단했던 섬, 돌산도는 과거 돌산군 시절 행정의 중심지였다. 그냥 한미한 섬이 아니었던 것이다.

여수대교를 건너 군내항 부근에서 길을 잘못 들었다. 우연히 들어선 포구, 예스러운 포구의 정취에 이끌려 마을 안길을 따라 들어간다. 서외마을이다. 포구가 마을 안까지 들어가 있다. 옛 포구의 원형이 보존되어 있다. 많은 포구가 매립되면서 옛 모습을 잃고 말았다. 참으로 귀한 풍경이고 소중한 문화유산이다. 썰물 시간이라 바닥이 드러난 포구, 작은 어선들은 주인집 담장 아래에 매여 있다. 어부들은 대문을 나서면 바로 어선을 끌고 바다로 나갈 수 있다. 포구 주변에는 느티나무 고목이 시원한 그늘을 만들고 그 아래 마을 노인들이 앉아 더위를 식힌다. 어부의 아내는 바다에서 수거해 온 그물을 손질 중이다. 평화로운 어촌의 한낮. 옛 포구가 어찌 이리도 잘 보존되어 있을까, 감탄하면서 마을회관 앞을 지나는데 느티나무 아래 안내판이 서 있다.

서외마을 포구에 과거 방답진의 선소가 있었다는 설명이다. 전함을 만드는 조선소가 있었다는 이야기다. 방답진은 조선시대 돌산도에 있던 전라좌수영 산하 수군진이었다. 임진왜란 당시 활용된 거북선은 3척뿐이다. 방답진 선소는 그 중요한 거북선 중 1대인 방답 귀선이 만들어졌던 곳이다. 나머지 2대는 이순신이 여수의 전라좌수영 본영 선소에서 직접 만든 영귀선과 여수 시전동 선소의 순천 귀선이었다. 이순신이 한산대첩 결과를 보고한 장계에도 "동진(방답진) 거북선 격군수군 2명이 부상당했다"는 내용이 들어 있다.

『태종실록』에 "임금이 임진강에서 해전 연습을 하는 거북선을 보았다"는 기록이 있는 것으로 보아 거북선의 기원은 고려시대 말이나 조선시대 초로 추정된다. 거북선은 임진왜란 뒤에는 전라좌·우수영, 경상좌·우수영, 충청수영 등 3남의 수영에 각 1척씩 5척을 두었는데 영조 때는 14척으로, 순조 때는 30척으로 늘어났다. 방답진 선소는 외부의 적이 위치를 파악하기 어렵게 은폐되어 있는데 바로 건너편에 길게 뻗은 섬 송도가 가리고 있기 때문이다. 방답진이 이곳에 들어선 이유이기도 할 것이다. 선소 터는 굴강堀江인데 현재는 서외마을 어민들이 어선을 정박시키는 장소로 이용하고 있다. 굴강은 개골창 물이 흘러나가도록 길게 판 수로를 이른다. 곳곳에 선박의 수리, 정박 등을 목적으로 인공적으로 조성했다. 내륙으로 깊숙이 들어와 있어 적의 도발을 견제하는 동시에 즉각 출동할 수 있는 지리적 이점이 있다.

『여산지』, 『승평지』 등에 의하면 방답진은 중종 18년(1523)에 설진된 것으로 추정된다. 1870년대 간행된 『호남읍지』에는 방답진에 "전선 8척, 군관 50명, 기패관 25명, 진무 45명, 지인 25명, 군노 25명, 기수 50명, 사령 25명, 사생 50명, 화포장 22명, 포수 68명, 사공이병 18명, 능로군能櫓軍 302명 등과 방군防軍 1,620명"이 주둔했던 것으로 기록되어 있다. 대규모 병력이었다. 진영에는 동헌과 객사, 아사, 어변정, 병고, 유군기고, 수군기고, 군향고, 화약고 등의 시설이 있었다. 방답진성에는 동·서·남 3개의 성문이 있었고 북문은 없었다.

돈 벌어놓고 사는 사람 보면 희한해요

임진왜란 직전 방답진 첨사는 충무공 이순신李舜臣 장군과 한글 동명이인인 무의공武毅公 이순신李純信 장군이었다. 1592년 1월 초10일(신미) 『난중일기』에 그 기록이 남아 있다.

종일 비가 내렸다. 방답(전남 여천군 돌산면)에 새 첨사로 이순신李純信이 부임하여 들어왔다.

무의공 이순신은 임진왜란 발발 뒤 충무공 이순신 부대의 중위장과 전부장을 맡아 옥포·합포·고성·사천 해전 등에서 큰 공을 세웠다. 충무공 이순신이 선조에게 올린 장계에는 "방답첨사 이순신이 적과 싸울 때 언제나 선두에서 공을 세웠으나 적을 죽이고 적의 배를 침몰시키는 데에만 힘쓰고 머리를 베는 일은 힘쓰지 않아 홀로 공을 제대로 인정받지 못하고 있다"고 했다.

무의공 이순신은 노량해전 당시에는 경상우수사였는데 충무공 이순신의 전사 뒤 조선 수군의 전열을 수습하고 최후의 전투를 승리로 이끌었다. 명나라 수군제독 진린 장군도 선조에게 "무의공 이순신을 충무공의 뒤를 이어 통제사로 삼는 것이 좋겠다"는 게첩揭帖을 보내기도 했지만 조정 관리들의 반대로 무산되었다. 정치적 책략이 없으면 큰 공을 세우고도 승진할 수 없었던 것은 그때나 지금이나 다르지 않다.

느티나무 그늘에서 자망 그물을 손질하고 있는 방옥자 아주머니는 부부가 함께 어업을 한다. 3톤짜리 자망, 복합어선 명승호다. "30년 동안 배를 탔어요." 봄에는 갑오징어와 도다리를 잡고 여름에는 하모를 잡는다. 갑오징어는 3월 말부터 6월 말까지 잡는다. 6월 말이면 알을 까니 더 이상 잡지 않는다. 가을에는 갑오징어 새끼들이 나지만 잘고 맛도 덜해서 잘 잡지 않는다. 갯장어인 하모는 6월부터 9월까지 4개월 남짓 잡는다. 일본으로 수출할 때는 단가가 비싸다. 보통 10킬로그램에 50~60만 원씩 받았고 4년 전 가장 값이 많이 나갔을 때는 10킬로그램에 80만 원씩 받고 팔았으니 갯장어가 아니라 '금장어'였다. 추석을 쇠고 나서는 참돔을 주로 잡는다. 낙지와 문어도 잡는다. 하지만 예전 같지 않다. 대형 선단이 쫓아다니며 싹쓸이해 가는 탓이다. 거기다 바닷속엔 쓰레기들이 쌓여 있어 해초가 자라지 않으니 물고기가 살지 않는다.

"통발이나 그물 같은 게 엄청나요. 지금은 오물이 하도 많아서 고대구리 배를 다시 하라고 해도 못 해요." 바다 어장이 황폐화된 것은 대형 선단에 의한 남획의 책임이 가장 크지만 쓰레기를 함부로 버린 일부 어민의 책임도 적지 않다. 아주머니는 30년 동안 배를 탔으나 여전히 바다가 무섭다. "어지간하면 육지서 벌어먹어야지라우." 물고기가 많을 때는 제법 돈도 벌어봤지만 요새는 부부 두 식구 먹고살 정도다. "놈(남)한테 손 안 벌리고 살아요. 깔닥깔닥 먹고살다 죽으면 되지. 돈

벌어놓고 사는 사람 보면 희한해요." 안분지족의 삶이다.

느티나무 아래 있으면 어떤 날은 한여름에도 춥다고 한다. 느티나무들이 에어컨이다. 옛날에는 굴강이 더 깊었다. 썰물에도 물이 가득 찼다. 지금은 썰물 때면 바닥이 훤히 드러난다. 언제든 전함이 들어와 숨고 또 출동할 수 있었던 굴강의 본래 기능은 사라졌다. 굴강 바깥쪽에 방파제를 쌓으면서부터다. 방파제가 가로막으니 육지에서 내려온 토사물이 바깥 바다로 빠져나가지 못하고 굴강 안쪽에 쌓인 것이다.

마을은 살아 있는 문화재

굴강 건너편 작은 언덕은 '쏠등'이라 부른다. 방답진 병사들의 활쏘기 과녁이었던 까닭에 붙여진 이름이다. 박기원 노인은 서외에서 나서 평생을 살았다. 10살 무렵까지도 한량들이 와서 활쏘기를 했다. 화살을 주워다 주고 용돈을 받기도 했다.

"여(여기)가 여수 굴강보다 더 유명하요. 여가 늘 뜬석이여. 절대 물이 안 말랐는데." 노인은 늘 배가 뜰 수 있을 정도로 물이 많던 '뜬석', 배 뜨는 자리 굴강이 변한 것이 못내 아쉽다. 노인들은 서외마을 사람들의 성정이 유독 순하다고 자랑이다. 서외는 방답진 성의 서문 밖에 있는 마을이라 해서 붙여진 이름이다. 돌산향교가 있는 마을은 동내마을이다. 동문 밖에 있던 마을이라 해서 얻은 이름이다. 남해마을은

속절없이 그리운 날에는 섬으로 갔다.

남문 밖에 있었다. 군내리 마을 곳곳에 방답진 성벽의 일부가 남아 있다. 군내리 마을들은 그대로 방답진의 역사가 아로새겨진 기록물이다. 마을은 그 자체로 살아 있는 문화재다.

돌산도는 통일신라시대에는 '여산현廬山縣'이었지만 백제시대와 고려시대에는 '돌산현突山縣'이 설치되었던 것으로 보아 '돌산'이라는 이름은 유래가 깊다. 섬의 산에 돌이 많이 쌓여 돌산이라 했다는 설도 있고, 뱃길을 가다 갑자기 큰 산이 돌출되어 쑥 나오는 곳이라 돌산이라 했다는 설도 있다. 조선시대, 순천도호부나 남원부 순천군에 소속되었던 돌산에 군이 설치된 것은 1896년 2월이다. 섬 지역에 군을 설치하는 칙령이 반포되면서 신안군의 모태인 지도군과 완도군, 돌산군이 설치되었다. 현재는 여수시 돌산읍이다.

돌산읍 둔전리에는 봉화산(높이 381미터)이 있다. 산림청에 따르면 남한에만 4,440개의 산이 있는데 그중 가장 많은 산 이름이 봉화산이다. 무려 47개나 되는 봉화산이 남한 전역에 흩어져 있다. 북한까지 합하면 그 숫자는 더 늘어날 것이다. 2위는 국사봉으로 39개다. 나라의 제사를 올리던 산이다. 봉화산은 봉수대가 있던 산이다. 돌산의 봉화산에도 봉수대가 있었다. 돌산 봉수대는 남해안 봉수대 중 규모가 가장 컸다. 적의 출현을 알리는 통신 수단을 흔히 '봉화대'라 부르기도 하지만 정확한 명칭은 '봉수대'다. '봉'은 밤에 횃불을 밝혀 신호를 보내는 것이고 '수'는 낮에 연기를 피워 신호를 보내는 것이다. 그래서 봉수대다. 방답진 봉수대의 신호는 백야곶 봉화산, 고흥 팔영산, 진도 여귀산, 옥구 화산, 양천 개화산을 거쳐 한양의 목멱산(남산)까지 이르렀다.

방답진 군관청(전라남도유형문화재 제55호) 건물은 돌산읍사무소 바로 건너편에 있다. 고종 9~32년(1872~1895)경에 건립된 것으로 추정된다. 군내리에는 방답진 설치 뒤 아사향청, 순교청, 장교청, 서기청, 형리청, 사령청, 취수방 등 관아가 있었는데 모두 소실되었고 지금은 군관청만 남아 있다. 방답진이 폐영되고 돌산군이 설군된 뒤에는 대부분 돌산군 행정 관아로 사용되었다. 1872년 작성된 〈방답진지도〉에는 현재 군관청 자리에 배를 묶어두던 곳도 있었던 것으로 보아 지금은 육지가 된 땅이 예전에는 바다였을 것이다. 군관청은 조선시대 말까지 형리들의 숙소로 사용되었다.

군내리 동내마을 돌산초등학교 옆에는 돌산향교가 있다. 조선의 공립학교다. 돌산군 설군 이후인 1897년 사직단과 대성전, 명륜당, 풍화루 등의 순서로 건립되었는데 여전히 향교는 원형을 잘 보존하고 있다. 대성전으로 들어가는 문 입구에 고양이 1마리가 느긋하게 앉아 있다 인기척에 놀라 달아난다. 더 이상 사람이 다니지 않는 학교의 유일한 학생이다.

돌산 평사리에는 무술목 해수욕장이 있는데 700여 미터의 몽돌 해변이다. 무술목은 무술부락 동쪽 해안 대미산과 소미산 사이를 연결하는 좁은 목이다. 이곳은 동쪽 바다와 서쪽 바다가 거의 맞닿은 것처럼 보인다. 구전에 의하면 선조 31년(1598) 11월 19일 명량해전에서 충무공 이순신은 침범해 온 해적들을 유인하여 공격했다. 패주하여 이곳으로 들어온 왜군들은 이 목이 터진 것으로 착각하고 통과하려다가 좁은 육로가 가로막혀 곤경에 처했다. 그 틈을 타 대미산과 소미산 기슭에 숨은 수군이 왜군을 궤멸시켰다. 마을 주민들은 이곳을 무서운 목이라 해서 '무술목'이라 불렀으며, 앞바다는 왜병들의 피로 물들었다 하여 '피내'라고도 하였다.

용궁이 있다는 바다

동산의 고찰 향일암은 해마다 연초면 누구보다 먼저 일출을 보려는 인파로 인산인해를 이루는 일출 성지다. 거기다 향일암은 '기도발'이 좋기로 소문난 기도처다. 양양 낙산사 홍련암, 강화 석모도 보문사, 남해 보리암과 함께 4대 해수 관음 기도처로 손꼽힌다. 돌산도 금오산의 가파른 절벽 위에 서 있는 향일암 아래는 가없는 바다다. 향일암은 고해에 사는 중생들을 극락으로 실어다 주는 자비의 배(苦海慈舟, 고해자주)다. 향일암 인근의 섬들 또한 불국토의 일부다. 향일암 왼쪽 바다에는 중생의 서원에 해수관음보살이 감응했다는 '감응도'가 있고 정면에는 부처가 머물렀다는 '세존도'가 또 오른쪽 바다에는 아미타불이 모습을 드러내셨다는 '미타도'가 있다. 향일암은 원효대사가 659년에 창건했다고 전한다.

향일암에는 금거북이의 전설이 깃들어 있다. 향일암이 있는 곳의 지형이 풍수상 바닷속으로 막 잠수해 들어가는 금거북이의 형상이라는 것이다. 그래서 산 이름도 '금오산金鰲山'이라 했다. 향일암과 남해 보리암, 세존도를 선으로 연결하면 삼각형 모양인데 그 삼각형의 한가운데 지점에 용궁이 있었다는 전설도 있다. 오늘도 향일암은 소망을 이루고자 하는 기도 소리가 그치지 않는다. 세상에 소망이 존재하는 한 기도객의 발길은 끊이지 않을 것이다. 한번 명성을 얻은 기도처가 쉽게 명성을 잃을 일은 없을 것이다. 종교가 지속되는 이유이기도 하다. 소망을 이루면 기도처의 힘이요, 소망을 이루지 못하면 기도가 부족한 탓이니 말이다!

고종 황제보다 먼저
샴페인을 맛본 섬사람

신안 비금도

1851년 비금도에 좌초된 프랑스 포경선

    2024년 5월 11일 신안 비금도에서 '샴막 예술축제'가 열렸다. '샴막'이라니, 이 생소한 이름은 무얼까. 샴페인과 막걸리다. 비금도 사람들은 고종 황제보다도 먼저 프랑스산 샴페인과 와인을 마셨다. 1851년 서해에서 고래잡이 중이던 프랑스 나르발호가 좌초되어 비금도 해변으로 표류해 왔다. 이때 들어온 선원 29명 중 6명이 중국으로 탈출했다 남은 선원을 구하기 위해 상하이 프랑스 영사 몽타니와 함께 비금도로 돌아왔다. 그들은 선원들의 안위를 걱정했지만, 선원들은 비금도 사람들의 극진한 보살핌을 받고 있었다. 이에 대한 감사의 뜻으로 몽타니 영사는 떠나기 전날 주민들에게 샴페인과 와인을 대접했고 비금도 사람들은 막걸리와 음식으로 보답했다. 축제는 이를 기념하기 위해 열렸다. 조선 정부는 서양인들과의 접촉을 금했지만 섬에는 누구보다 먼저 세계와 교류했던 역사가 있다.

비금도는 바둑 천재 이세돌의 고향이자 겨울 시금치의 대명사인 '섬초'의 본고장이다. 비금도의 여름 특산물이 천일염이라면 겨울 특산물은 섬초다. 섬초는 브랜드화를 통해 전국적인 명성을 얻은 것이고, 호남 지방의 천일염은 비금도가 그 시초다. 비금도 출신 박삼만은 강제 징용으로 일본인이 운영하던 평안도의 귀성염전에서 염부로 일하며 천일제염법을 배웠다. 해방 이후 고향 비금도로 돌아와 1946년에 손봉훈 등과 수림리 앞 화렴터에 염전을 만들었는데, 이것이 호남 최초의 천일염전이었다. 장작불을 때 바닷물을 증발시켜 만드는 전통 방식의 화렴은 비용도 많이 들고 생산량도 적었다. 그런데 천일염이 생산되면서 염전은 섬사람들의 큰 소득원이 되었다. 그 덕에 현재는 신안군에서 한국 천일염의 80퍼센트가 생산된다.

1980년대부터 비금도 인근 섬사람들은 시금치를 상업적으로 재배했는데 신안 비금농협에서 1996년 3월 '섬초'로 상표 등록을 하면서 시금치 매출이 급증했다. 브랜드의 힘이기도 하지만, 겨울 노지에서 찬바람을 견디고 자란 섬 시금치의 달고 고소한 맛이 도시인들의 입맛을 사로잡았기 때문이다. 비금도는 한국 최초로 세계 3대 영화제에서 수상한 강대진 감독의 고향이기도 하다. 그의 대표작 〈마부〉는 1961년

제11회 '베를린국제영화제'에서 '특별은곰상'을 받았다. 한국영화의 세계화를 이끈 첫 번째 공로자다. 이 땅에 최초로 샴페인과 와인이 들어왔고, 한국 최초로 세계 3대 영화제에서 상을 받은 감독을 배출했고, 세계 최초로 인공지능 알파고와 바둑 대결을 벌였던 이세돌의 고향인 비금도를 어찌 변방이라 할 수 있겠는가. 바다를 통해 세계로 열린 섬은 무한한 가능성의 공간이다.

연애편지가 오가던 돌담 우체통

등록문화재로 유명한 비금도 내월마을 돌담처럼 잘 알려지지는 않았지만, 비금도 서산마을의 돌담도 원형이 잘 보존되어 있다. 이 마을은 내륙이지만 바람이 거세다. 원평 해변에서 불어오는 북서풍 때문이다. 겨울철에 더욱 거센 북서풍을 막기 위해 돌담을 단단하게 쌓았다. 마을 안길에서 뒤편 언덕의 교회로 들어가는 길목도 돌담이다. 옛날에는 당집이 마을의 가장 위쪽에 있었지만, 이제는 당집이 역할을 하지 못하고 그 자리에 교회가 들어서 있다. 교회가 마을의 신전이 된 것이다. 마을의 토속 신앙은 사라졌지만, 교회로 들어가는 골목이라도 돌담길이니 정겹다. 집집마다 돌담 위에는 늙은 호박과 박이 익어간다. 바람도 막아주고 호박이나 박, 수세미도 키워주는, 참으로 고마운 돌담이다.

돌담 아래 손바닥만 한 땅도 놀리지 않았던 섬사람들

마을 돌담은 옛 노인들이 산에서 져다 날라 쌓았다. 정자에서 쉬던 강경심 할머니가 옛 기억을 떠올린다. "산에는 맨 독(돌)이었어." 할머니의 처녀 시절에 돌담은 이웃의 처녀, 총각이 부모 몰래 편지를 주고받던 우체통 역할을 하기도 했다. 들키지 않게 담장의 돌 밑에 편지를 몰래 넣어 주고받고는 했다. 은밀한 마음을 내보이는 고백함이기도 했다.

"돌담이 연애편지 주고받는 우체통이었어. 돌담 아래 몰래 편지를 두고 갔어. 그렇게 연애편지질을 했지. 애들이 많은 집은 해·달·별 모양으로 표시해서 자기 우체통으로 삼았어. 그런데 잠깐 헷갈려서 편지를 잘못 놓고 가면 영 다른 사람이랑 주고받는 일도 있었어. 언니한테 줄 편지를 동생한테 줘서 꼬이기도 했지."

연애편지는 주로 처녀 집 돌담을 통해 주고받았다. 하지만 딸이 여럿 있는 집은 가끔 문제가 발생하기도 했다. 각각의 돌담 우체통마다 자신의 것임을 표시하려고 해·달·별 모양을 그려 구분했지만 헷갈리면 엉뚱한 곳에 편지를 놓고 가기도 했던 것이다. 그러면 언니에게 보낼 편지가 동생에게 전달되어 오해가 생기기도 했다. 사소한 오해는 금방 풀렸다. 그야말로 돌담이 우체국 역할을 하던 낭만의 시대였다. '돌담 우체국', 얼마나 멋진 우체통인가.

"이 욱(위)에 올라가면 일본 놈들이 파놓은 굴이 2개나 있어. 제 지내는 데 굴이 깊어요. 산 넘어가면 길이 있어. 거기도 굴이 있어. 일본 놈들이 선산에 살았어. 저수지 있는 디, 오기가 맑트만, 일본 놈들이. 일본 놈들이 어찌케 염병한가 총을 팡팡 쏴대고. 새미(샘)에 총알이 박혔어. 그라고 공산패들이 들어와 또 지랄하고. 참 징한 세상 살았제. 지들 맘대로 소도 잡아묵고 돼지도 잡아묵고. 동무동무 함서, 둘이서는 얘기도 못 하게 했어. 아이고 징해라."

일제강점기 말에 일본군은 신안군 자은도·비금도 등 섬 지역에 주둔했다. 태평양전쟁 당시 통영, 제주도, 진해 등지처럼 전남 지역에도 목포 고하도, 신안 자은도·비금도, 해남 어불도, 여수 거문도 등에 해군 진지, 방공호, 어뢰정 위장시설, 해안포대 등 군사시설이 조성되었다. 할머니가 증언한 서산마을의 동굴도 진지 동굴이었다. 동굴은 일본인들이 비금도 주민을 동원해 만들었다. 비금도 동굴은 일제하에 섬 지역 주민들이 강제 징용당한 증거다. 동굴은 전투할 수 있도록 바다 쪽으로 열려 있는데, 진지, 탄약 저장고, 동굴과 동굴을 연결하는 이동 통로 등 다양한 형태로 만들어졌다.

장수를 점치는 거북바위

강경심 할머니는 신산한 역사를 억척스럽게 오래도록 살아오셨다. "강가 고집이 세." 서산마을은 장수하는 이들이 유난히 많다. "이 동네는 구십이 서이(셋)나 돼. 더 많았는데 다 죽고 서이 남았어. 백한 살

묵은 언니도 있어요, 아흔네 살도 있고……. 오래 살아봐야 좋은 일 없어라. 집터는 질(제일) 맹당(명당) 자리에 살제. 시금치 농사도 하고, 꼬치 농사도 하고. 맨날 병원 가고……. 다리 펑펑 부서 갖고 뻗고 앉았소."

어째서 서산마을에는 장수하는 이가 유난히 많을까. 귀한 약초라도 먹고 사는 걸까. 비금도 사람들은 선왕산의 거북바위 덕분에 서산마을에 장수하는 사람이 많다고 믿는다. 비금도의 진산은 선왕산인데 북쪽은 내촌이고 남쪽은 서산마을이다. 선왕산 정상에는 거북바위가 있다. 그런데 특이하게도 거북바위는 서산마을에서만 보인다. 그래서 거북바위는 서산마을 바위다. 거북바위의 영험함으로 서산마을에 유독 장수하는 사람이 많다는 것이다. 그래서 거북바위는 장수바위다.

장수하는 노인들은 느릿느릿 거북이다. 친구는 친구를 알아보는 것일까. 그뿐만 아니다. 다른 지역 사람도 선왕산 정상의 거북바위를 단번에 알아보면 장수한다는 속설이 있다. 노인들은 오래 살아 뭐 하느냐고 투덜거리지만 괜한 소리다. 개똥밭에 굴러도 이승이 좋다고 하지 않는가. 자신이 장수할 것인지 아닌지 알고 싶거든 비금도 서산마을에 가보라. 사람의 장수를 점치는 바위, 돌담과 함께 서산리의 보물이 있다.

서산마을 뒷산에는 당제를 모시던 당집도 있었다. "올라가려면 깍

졌어. 그런 델 맷돌 지고 올라가고 그 맷돌로 두부 해서 제사 지내고, 떡도 하고 다 했어. 당제 때는 당산에서 밥도 직접 지어 바쳤어. 어른 서넛이 항상 그랬어."

당제는 해마다 정월대보름에 모셨는데 생기복덕生氣福德한 마을 사람 넷을 제관으로 뽑아 제를 지내게 했다. 당제를 지내기 전에는 움막을 짓고 7일간 치성을 드려야 했다. 이때 제관 중 1명은 서산사 불당에 들어가 불공을 드리고 서산사 마당 당산나무에도 치성을 드렸다. 당산에서는 3명의 제관이 당제를 모셨다.

신당에는 3개의 당샘이 있었는데 아래 샘물로는 제관이 목욕재계를 하고, 중간 샘물로는 소를 잡고 젯밥을 지었으며, 위 샘물은 기도 드리는 정화수로 사용했다. 당제에는 송아지를 잡아 바쳤다. 그만큼 지극정성을 다했다. 송아지를 잡으면 몸통은 당제에 쓰고 내장은 마을 주민이 나누어 먹었다. 송아지를 잡은 뒤에는 쌀가마니 모양의 짚섬 9개를 만들어 그 안에 젯밥을 한 그릇씩 넣은 다음 송아지 뱃속을 채워 일곱 매듭으로 묶은 뒤 제상에 올렸다.

제주祭主가 읽는 축문은 신라시대 당나라로 유학 가던 길에 비금도에 들렀던 고운 최치원 선생이 지었다고 전해진다. 조선시대에는 고을 수령까지 와서 큰절을 하고 안녕을 빌었다 하니 당제가 얼마나 성대히 치러졌는지 짐작할 수 있다. 당제를 지낼 때는 소의 피를 제당 주변에 뿌리며 "이 무서운 피를 씻어주십시오"라고 기원을 드렸다고 한다. 제가 끝나면 제물인 송아지는 주민이 나누어 먹지 않고 용머리 절벽에서 바다로 던져 용왕신에게 제물로 바쳤다. 참으로 장엄한 제의였다.

중국은 헤엄쳐서 갈 수도 있었지

서산리 우실은 서쪽 바닷가에 있다. 우실에 관한 많은 유래담이 있지만 특정 질병을 방지하기 위해 담을 쌓았다는 구체적인 이야기가 전해지는 곳은 드물다.

서산마을 우실은 처음부터 전염병을 막기 위해 쌓은 돌담이었다. 옛날 서산마을에 아이들이 아파서 죽는 일이 자꾸 발생했다. 마을 사람들은 중국 쪽에서 불어오는 바람을 타고 안 좋은 병균이 날아왔기 때문이라 믿었다. 들리는 풍문에 중국에 전염병이 창궐해서 많은 사람이 죽었다고 했다. 비금도 사람들은 "중국은 헤엄쳐서도 갈 수 있다", "중국의 닭 우는 소리가 들린다"라고 이야기할 정도로 중국을 가깝게 여겼으니 충분히 그런 생각을 할 만했다. 중국에서 창궐한 전염병 균이 바람을 타고 날아와 면역력이 약한 아이들에게 전파되었고, 그래서 아이들이 죽어간다고 생각한 주민들은 중국에서 바람이 불어오는 길목에 돌담을 쌓아 우실을 만들었다. 서산마을 우실 유래담은 비금도의 택시 기사가 전해준 이야기다.

지금도 그렇지만 옛사람들도 안에서 안 좋은 일이 생기면 밖에서 원인을 찾았다. 공동의 적을 만들어야 주민 간의 다툼을 막을 수 있기 때문이다. 아이들이 아픈 원인을 중국 탓으로 돌리고 우실 돌담을 쌓은 것도 그 때문이었을 것이다. 아무튼 우실을 쌓은 뒤 더 이상 아이들은 죽지 않았다. 우실이 중국으로부터 날아오는 전염병을 막아준 것인지는 알 수 없다. 하지만 서산마을 주민들은 우실 돌담 덕분이라 믿었다. 그래서 서산마을 돌담은 주민들의 수호신이 되었다.

달 뜨는 밤이면
호수의 섬으로 오라

여수 월호도

섬에서 만나는 꼭두각시 인형극

　월호도행 도선은 여수의 돌산 군내리항에서 뜨지만 오늘은 기관 정비 때문에 휴항이다. 더없이 푸른 하늘과 잔잔한 바다. 널빤지같이 작은 어선도 쉽게 오가는데 월호도로 가는 길은 꼼짝없이 묶였다. 20분이면 충분한 거리지만 정기 도선이 운항을 중단하자 뱃길이 끊긴 것이다. 기관 고장으로 정비에 들어갔을 때는 배를 띄우지 않으면 그만인 정기 항로. 육지에서는 노선버스가 다니지 않으면 다른 버스로 대체해준다. 하지만 섬 주민에게 그런 혜택은 없다. 섬사람들은 어쩌란 말인가.

　오늘 섬에 꼭 들어가야 할 일이 있어서 결국 돌산과 다리로 연결된 화태도 독정이항에서 대절선을 불렀다. 부둣가에서 배를 기다리는데 방파제에서 낚시를 즐기는 사람들의 움직임이 인형극 같다. 역광 때문일 것이다. 사는 일이 한바탕 꼭두각시 인형극이기는 하다만! 실상 가까이서는 잘 보이지 않는 것이 많다. 숲을 나와야 숲이 보이듯이. 삶의 진실이란 거리를 둬야 제대로 보이기도 한다.

대절선이 출발했다. 잘 가던 배가 멀리서 오는 배 1척을 보자 선수를 급히 돌려 화태도로 돌아간다. 해경 경비정일까 봐 단속이 두려워서다. 단속선이 아니라는 것이 확인되자 어선은 다시 출발해 순식간에 월호항에 닿는다. 헌법에는 이동의 자유가 보장되어 있지만 섬사람들은 이동의 자유도 없다.

월호도는 작은 섬이다. 주민등록상에는 77가구, 165명이 거주하는 것으로 되어 있지만 어느 섬이나 그렇듯 실제 인구수는 다르다. 57가구, 100여 명이 살아간다. 섬은 비교적 젊은 편이다. 65세 이상이 55명, 65세 미만이 45명이다. 70대 이상이 태반인 섬도 많아 상대적으로 젊다는 뜻이다. 7개 마을에 천여 명이 살던 시절도 있었지만 이제는 다 옛일이다. 월호, 달의 호수. 섬의 이름이 참 고즈넉하다. 섬의 모양이 달처럼 둥글다 해서 '월호도'라 했다고 전한다. '월도', '대리도', '달도', '달섬' 등으로 부르기도 하는데 모두 달과 연관된 지명이다.

호수 위에 뜬 달의 섬

달섬. 섬은 대체 어떤 달 모양일까. 만월일까, 반달일까, 초승달이나 그믐달일까. 섬이 보름달 모양이었으면 만월도라 했겠지. 초승달이었으면 미월도라 했겠지. 섬이 달섬이었던 것은 형태가 달 모양이 아니라 섬 앞바다에 비친 달이 아름다워서가 아니었을까. 달빛 바다가 호수 같아서가 아니었을까. 월호도 앞바다는 인근의 섬인 금오도, 개도, 자봉도, 화태도 등이 감싸고 있어 그대로 호수다, 큰 파도에도 안전한 호수.

작은 섬이지만 월호도에는 아직도 학교가 있다. 학생이 2명, 교사가 1명인 섬마을 분교, 돌산초등학교 월호분교. 학생이 2명뿐이지만 폐교되지 않았다는 것은 섬에 희망이 있다는 증거다. 학교가 있어야 젊은 사람들이 들어올 수 있다. 아이들의 교육 때문에 고향 섬에 돌아오고 싶어도 못 오는 이도 많다. 교육청은 자꾸 경제 논리를 내세워 작은 학교를 폐교하려 들지만, 교육을 경제 논리만으로 따질 일은 아니다. 백년대계百年大計가 아닌가. 오히려 섬에는 작은 학교를 권장해야 맞다. 섬이라는 특수성을 인정해야 섬도 지속 가능하다. 작아야 제대로 된 교육이 이루어질 수 있다. 학생이 없을 때는 폐교가 아니라 휴교라도 해서 지켜야 한다. 학교를 없애기는 쉬워도 다시 세우기는 얼마나 어려운가.

부둣가에서 만난 이장님은 우체부 복장을 하고 있다. 이장이면서

약초 시호를 재배하는 월호도 어머니. 너른 바다 풍경이 함께 있어 조금은 덜 고되다.

우편배달부를 겸하고 있기 때문이다. '일포스티노'인 이장님이 섬에 대해 조곤조곤 설명해준다. "여름엔 좋아요. 그런데 겨울엔 너무 추워." 섬은 북서쪽으로 마을이 들어앉아 있어 겨울에는 북서풍을 직격탄으로 맞으니 춥다. 지난 겨울에는 해안 전체에 고드름이 생길 정도였다. 화태도는 섬이지만 노인들은 대부분 밭에서 일한다. 밭에 주로 심는 것은 '시호'라 부르는 약초다.

간에 쌓인 울화를 풀어 없애주는, 화병에 명약으로 알려진 약초. 간에 생기는 염증인 간열증에도 도움이 된다고 하니, 한마디로 간에 좋은 약초다. 시호는 그 뿌리를 한약재로 사용한다. 꽃은 8~9월에 노랗게 피는데 유채꽃과 비슷하다. 11월쯤에 뿌리를 캐서 말린 뒤 약재상에 판다. 월호도의 노인들은 1년에 600킬로그램 정도의 시호 뿌리를 판매해 소득에 보탠다. 평지가 거의 없는 월호도는 대부분 비탈밭이라 경운기가 들어갈 수 없어 노인들이 직접 호미로 밭을 갈아 시호를 재배하니 그 고단함이 크다.

사룟값은 오르고 활엇값은 떨어지고

월호도 사람들은 2000년대 이전에 가두리 양식을 많이 했다.

1980년대 여수에서 가장 먼저 가두리 양식을 시작한 섬이었다. 마을 입구에는 양식장 사료 창고가 있었지만 지금은 버려져 있다. 대부분 가두리를 접었기 때문이다. 원인은 과잉 생산이었다. 양식업자가 많아지니 활엇값은 떨어지는데 사룟값은 자꾸 올라갔다. 20년 전에 농어, 참돔 등 양식어류가 1킬로그램에 2만 원이었던 것이 지금은 8천 원밖에 안 한다. 반면에 사룟값은 10배 이상 상승했다. 지금 월호도 어민들은 대부분 어선 사업으로 전환했다. 30가구가 어선을 부린다. 가두리 양식은 두 가구뿐이다. 섬 주변의 다른 가두리들은 외지인에게 임대해주었다.

섬은 작지만 숲은 좋다. 특히 섬의 첫 입도조인 윤씨 선산이 있는 잣밤나무 숲은 원시림처럼 잘 보존되어 있다. 이 숲을 '도산수'라 한다. 큰 마을 초입에 있지만 숲에 접근하기는 쉽지 않다. 땔감을 해서 연료로 쓰던 시절에는 쉽게 오갈 수 있었는데 이제는 잡목이 우거져서 발 디딜 틈이 없다. 개나리골짜기, 가마바구끄터리는 개지(키조개)가 많이 나는 탓에 외지 다이버와 섬 주민 간에 충돌이 잦은 곳이다. '동찌'라고도 하는 동백포는 6가구가 살다가 지금은 폐촌이 되었다. 글썽이 마을도 11가구가 살다가 역시 폐촌이 되고 말았다. 고대구리를 금지시키면서 다들 떠났다.

고대구리가 없어지면서 온통 불가사리나 쓰레기가 쌓여 바다 바닥이 썩어가니 해초도 자랄 수 없고 물고기도 살 수 없게 되었다는 것이다. 그런데 정작 외지에서 온 대형 고대구리나 큰 통발 배가 통발을 몇천 개씩 뿌리고 주낙 배가 어장을 싹쓸이해 가도 단속하지 않으니 섬 지역 어민의 불만이 크다. 그 배들이 버리는 그물이나 통발 쓰레기도 많다. 정부 정책대로라면 고대구리 어업 금지로 어장이 좋아졌어야 마땅한데 그렇지 않고 더 악화되었다. 그 원인을 분석하고 대책을 세울 필요가 있지 않을까. 정부는 어민들의 호소를 귀담아들어야 마땅하다.

색싯집까지 있던 포구는 폐허가 되고

초등학교 뒤편에는 글썽이까지 길이 나 있다. 글썽이 마을이 있던 지역은 지금 무인지경이 되었지만, 언덕에서 바라보는 다도해 풍경은 압도적이다. '글썽이'라는 이름은 글씨가 쓰인 바위에서 유래했다. 예전에는 언덕 아래 '서불과차徐不過此'라는 글이 쓰인 바위가 있었다고 전해진다. 진시황의 불로초를 찾으러 동남·동녀 300명씩을 태우고 막대한 자금을 챙겨 신나라를 떠났던 서불은 이 나라에 흔적을 남기지 않은 섬이 없다. 제주 서귀포에도 있고 통영 섬에도 있다. 서불의 이야기가 섬 곳곳에 퍼져 있었다는 것이니 그저 전설일 리가 없다. 그와 함께 흘러왔던 동남·동녀의 후예들이 지금 이 나라 해안지방에 살고 있는 것은 아닐까.

밀진포도 한때는 융성했다. 30여 가구가 살다 지금은 한 가구만 남았다. 부부 둘이 사는데 두릅 재배로 짭짤한 소득을 올리고 있다고 이장님이 귀띔해준다. 한때는 일본 무역선이 들어와 갯장어를 수집해 일본으로 가져가던 기항지였다. 당시에는 가게나 술집도 많았다. 색시가 있는 '방석집'도 여럿 있었다. 큰 마을에도 선술집이 5개나 있었지만 '색싯집'은 밀진포에만 있었으니 사내들은 밀진포로 몰려들었다. 밀진포에는 '이께스'라 부르는 수조가 많았다. 잡아 온 갯장어를 보관해두었던 수조. 이께스는 오동나무를 이용해 배 모양으로 만들었다. 갯장어 꼬리가 상하지 않게 보관할 수 있도록 만든 어구다. 그 모습도 장관이었다는데 지금은 사라진 풍경이다.

비자금 마을에는 5가구가 살고 있다. 비자금은 대두라도와 인접해 있는데 이 해협의 수심이 깊고 자갈이 많은데도 적조가 자주 발생한다. 잔(작은)비자금은 가장 안전한 피항지다. 섬에 둘러싸인 까닭에 태풍에도 안전하다. 그래서 가두리 양식장이 제법 많다. 5가구가 살다가 지금은 모두 떠나고 양식장만 남았다. 그런데 인근 소나무 숲은 온통 왜가리 차지다. 왜가리는 섬 주민들의 골칫거리다. 철새였던 녀석들이 텃새가 되어버렸기 때문이다. 가두리 양식장의 치어들을 몰래 잡아먹고 사는 왜가리를 퇴치하려는 주민들과 환경단체 사이에 가끔 충돌이 일어나기도 한다. 인간의 먹거리를 노리는 왜가리와 인간의 공존, 간단치 않은 일이지만 포기할 수 없는 일이기도 하니 늘 딜레마다.

전에 산 기 하도 억울해 쪼까 더 살면 싶다

사천 신수도

한 바퀴 휙 돌아빌고 나가뿌요

　삼천포항에서 여객선으로 10분 거리. 신수도는 훌쩍 뛰면 건널 수 있을 듯 뭍에서 가까운 섬이다. 2011년 봄 신수도에 처음 갔다. 그때 섬은 기대에 들떠 있었다. 행정안전부가 주관하는 '한국의 명품 섬 베스트 10'에 선정되어 25억 원을 지원받기로 했기 때문이다. 섬사람들의 명품 섬 개발에 대한 기대는 컸다. 하지만 개발의 바람이 비켜 간 신수도가 나그네의 눈에는 이미 명품 섬이었다. 그런데 또 무슨 명품 섬 사업이 필요할까, 의문이 들었다. 그리고 14년 만에 나그네는 다시 신수도를 찾았다. 밭에 김매러 가는 할머니에게 물었다. "명품 섬 하고 나서 신수도가 좋아졌습니까." 돌아오는 대답이 단호하다. "좋아지긴

바람 부는 날에는 섬으로 갔다.

머가 좋아져. 암것도 한 거 없지, 머." 밭에서 일하는 다른 주민도 같은 대답이다. "돈이 썩는다 케나. 한 바퀴 휙 돌아빌고 나가뿌요."

명품 섬 사업이 시작되면서 가장 먼저 들어선 것은 섬 일주도로였다. 당시 섬에는 자동차가 1대도 없었다. 현재도 섬에 주민의 자동차는 몇 대 없다. 섬 일주도로는 관광객 유치를 명분으로 만들어진 것이었다. 하지만 잘 깔린 도로 덕에 정작 관광객들은 자동차를 타고 들어와서 한 바퀴 휙 돌아보고 바로 나가버린다는 말씀이다. 왔다 금방 나가버리니 관광객이 늘어도 섬에는 별 도움이 안 된다. "관광객 와봐야 도선비만 보태주는 거지. 섬에 돈 쓰고 갈 일이 없어." 차를 가져오는 관광객들이 여객선사에게만 이익을 주고 간다는 뜻이다. 명품 섬 사업이 결국 신수도 관광을 망치고 있는 셈이다.

섬 일주도로라 해봐야 5킬로미터밖에 안 된다. 자동차로는 겨우 10분 거리다. 그러니 자동차를 타고 들어온 관광객들은 돈 한 푼 안 쓰고 바로 섬을 떠나버린다. 관광객을 머물게 하는 게 아니라 쫓아내는 도로가 된 것이다. 5킬로미터는 걸어도 2시간이면 충분한 거리니 섬 트레일로는 안성맞춤이었다. 확포장되기 전 신수도의 오솔길은 더없이 정겹고 아름다웠다. 그 섬 길을 살렸더라면 얼마나 좋았을까. 결국 신수도 명품 섬 사업은 명분과 달리 섬사람들에게는 별 이익을 가져다주지 못한 채 끝났다. 예산만 낭비하고 섬을 망쳐버린 정부의 개발 사업은 한둘이 아니다. 그럼에도 정부 부처들은 여전히 비슷비슷한 관광 개발 사업에 돈을 쏟아붓고 있으니 안타까운 일이다.

신수도 주민들의 주업은 밭농사다. 봄에는 고사리가, 가을에는 고구마가 중요한 수확물이다. 봄 고사리는 피해 입을 일이 없지만 여름을 나야 하는 다른 농작물은 태풍이나 큰 바람을 맞으면 피해가 크다. 그러나 고구마는 땅속에 있어 안전하다. 섬에 고구마밭이 많은 이유다. 이 아름다운 섬에 와서 해변의 풍경과 고구마와 콩과 참깨가 자라는 것을 보며 느리게 걷는다면 그보다 더 큰 휴식이 어디 있겠는가. 도로가 넓어질수록 섬의 볼거리는 적어진다. 이 작은 섬에서 자동차를 타고 간다면 대체 무엇을 보고 느낄 수 있을까.

죽방렴, 바다의 선물

신수도 본동인 큰 마을은 집들이 다닥다닥 붙어 있어 도시의 어느 오래된 동네 같다. 마을 위 언덕은 모두가 곡식을 키우는 밭이다. "저 방파제가 문제요." 길을 가다 만난 사내는 마을 앞 방파제를 손가락질한다. "저 방파제를 안 막았을 때는 저 앞이 게 엄지발가락 모양이었어요. 땅이 길게 튀어나온 것이 바깥 것들 물어 들이는 게 집게발 모양이었거든. 그래 부자 섬이었지, 돈 섬이라고도 했으니까." 그런데 방파제를 막으면서 집게발 모양의 땅이 잘렸다. 그다음부터 섬이 가난해지기 시작했다고 사내는 믿는다. 바깥에서 재물을 집어 오던 집게발이 없어졌으니 재물이 굴러다녀도 집을 방법이 없어 섬이 가난해졌다는 것이다.

바다 오염과 어업 기술의 발달에 따른 대형 선단의 남획으로 섬 연안의 어자원이 고갈되면서 신수도의 어업도 쇠퇴했다. 게다가 마을 앞 갯벌이 매립되면서 '황금밭'이었던 조개밭마저 사라졌다. 더 이상 신수도 사람들은 바다에 의지해서 살아갈 수 없게 되었다. 그것이 섬이 가난해진 이유일 것이다. 사람들은 그러한 상황을 자신들의 힘으로 제어할 수 없고 이해할 수도 없으니 초자연적인 데서 그 원인을 찾고 싶어 한다. 그래서 섬의 쇠락도 게 집게발이 사라졌기 때문이라고 믿고 싶은 것이다. "명품 섬이라고 텔레비전에 나가고 나서 외지 사람들이 많이 와요." 그 외지인들이 벌써 섬의 땅을 많이들 사버렸다. 명품 섬으로 지정해서 국가 예산을 투입하니 개발업자나 외지 부동산 투기꾼이 먼저 눈독을 들였다. 섬이 투기꾼의 먹잇감이 된 것은 어제오늘 일이 아니다.

신수도는 많지 않은 사천의 섬 중 가장 크다지만 면적 1.01제곱킬로미터(30만 5,525평)의 작은 섬이다. 옛적에는 '침수도沈水島' 혹은 '신두섬'이라 했다. 신수도는 한때 1,500여 명까지 살았을 정도로 은성했던 적도 있지만 이제 신수 본동과 대구마을에 300여 명만이 살아가는 한적한 섬이 되었다. 신수도는 죽방렴으로 유명한 남해 지족해협과 가깝다. 지족해협의 죽방렴에서 잡힌 죽방멸치는 금값이다. 신수도 인근 바다에도 언뜻 죽방렴과 흡사한 형태의 멸치 어장이 많다. 대구마을 해안가에도 죽방렴이 있다. 그런데 어째서 신수도 죽방멸치는 알려지지 않았던 것일까. 마침, 어느 집 마당에서 노 어부 한 분이 어구를 손질하고 계시다. 노인은 창선도가 고향이다. 50년 전, 멸치 어장 때문에 신수도로 이주해 왔다. "어르신, 여기도 죽방렴을 하네요. 멸칫값이 비싸겠어요." 죽방렴에 대해 아는 척을 했더니 돌아오는 대답. "여기 죽방은 혼죽방이 아녀." "혼죽방이라니요?" "진짜 죽방이 아니라고." 무슨 말씀이신가. 삼천포 앞바다의 죽방렴처럼 보이는 멸치 어장들이 죽방렴이 아니란 말씀이다. 진짜 죽방렴은 남해 삼동면과 창선면 사이 지족해협에만 있다는 뜻이기도 하다.

　죽방렴이란 대나무를 엮어 만든 그물, 혹은 대나무 통발이라고 보면 된다. 참나무 말뚝을 '브이V' 자로 박아 나열하고 그 안에 대나무로 그물을 엮어 물고기가 들어오면 '브이' 자 끝에 설치된 통발에 갇혀 빠져나가지 못하게 해서 잡는 어법이다. 주로 조수 간만의 차가 크고 물살이 세고 수심이 얕은 곳에 설치한다. 지족해협의 죽방렴은 조선 예종 때의 문헌 『경상도속찬지리지』에도 그 기록이 남아 있는, 500년 이상 이어온 전통 어법이다. 죽방렴에서 잡힌 물고기는 신선도가 높아 고가에 거래된다. 그렇다면 죽방렴을 닮은 저 멸치 어장은 뭘까. 물고기를 잡는 원리는 죽방렴과 동일하다. '브이' 자로 말뚝을 박는 것도 같다. 다만 말뚝은 폴리염화 비닐PVC이고 그 안을 대나무 발이 아니라

나일론 그물로 채우는 것이 다르다. 그러니 죽방렴이라 할 수 없다는 것이다. 이렇게 또 한 가지 의문이 풀렸다. 하지만 멸치는 죽방렴과 동일한 방식으로 잡는다. 게다가 값은 말할 수 없이 저렴하지만 맛은 뛰어나다. 죽방렴 아닌 죽방렴, 신수도 바다가 주는 선물이다.

내 집이 젤로 편타

신수 본동 큰 마을, 낡은 집 툇마루에서 할머니가 혼자 앉아 텔레비전을 보고 계신다. 마당을 기웃거리는데 할머니가 들어오라 손짓한다. 집 울타리 밖에는 오래된 고목이 그늘을 드리우고 있다. "할머니 집이 운치가 있는데요. 고목나무도 있고 여름에 그늘 덕분에 시원하시겠어요." "아이고 하나도 안 좋아요. 떨어진 나무 이파리가 썩어서 날파리랑 지네도 많고, 나부(나비), 꺼무나부, 힌나부 들도 많고 뱀도 많아요." 할머니는 지네에 물려 퉁퉁 부은 발등을 보여주신다. 고목나무 주변에도 숲이 울창하다. 하지만 그것이 사람 사는 데는 고역이다. 팔순의 할머니가 혼자 사시니 집 주변의 나뭇잎을 치우거나 풀을 베어내 관리하기가 쉽지 않다.

"전에는 나무해 때고 풀도 베고 그라께네 깨끗했는데 이제는 풀밭이 많으니 벌레도 많고." 예전에 할아버지가 살아계시고 할머니도 젊을 때는 늘 관리하니까 집 주변이 깨끗했다. 나뭇잎이 쌓일 틈도 없었다. 그러니 그때는 마루에서 잠을 자도 벌레에 물릴 일이 거의 없었다. 하지만 지금은 마루에서 잠자기가 무섭다. "나무가 썩어서 덮여 있으니 짐승이 안 끓겠나. 바글바글합니다." 약을 많이 뿌려도 소용없다. 근본적인 처방이 없으니 집에 약을 뿌린다고 될 일이 아니다. "작년에는 구랭이가 많이 뵈더니 올해는 독사 새끼가 많이 나옵니다." 뱀이 집 마당까지 들어오기도 한다. 나그네처럼 속 모르는 사람들은 집의 겉모양만 보고 좋아서 감탄하기도 하지만 보이는 것이 다가 아니다.

"외지 사람이 와서 이런 집은 처음 본다고 그러면, 내가 생전 처음 보면 많이 보라 그래." 그래도 할머니는 이 집에서 혼자 사는 게 편하다. 이런 툭 트인 데 살다가 시내에 가면 못 살겠다. 할아버지는 진주가 고향이었다. 결혼해서 진주에 살다가 할머니의 고향 신수도로 들어와 배를 부리며 살았다. 할아버지는 20년 전에 세상을 떴고 자식들은 삼천포에 산다. 자식들 집에 가면 서로 조심스러워서 마음이 불편하다. 그래도 할머니는 낡고 벌레가 들끓는 집일망정 "내 집이 젤로 편타. 뒤비 자든가 말든가 맘대로 해서 편코"라고 말씀하신다.

물이 귀한 섬에 살다 보니 예전에는 저 산 너머 웅덩이까지 날마다 물을 길으러 다니고는 했다. 물을 길어 이고 오면 1시간도 더 걸렸다. "산에서 나무도 해다 때고 아휴 어치 살았는고 모리겠다." 물 길어다 밥해 먹고 산에서 나무해다 불 때고, 밭일하고, 갯벌 가서 조개 캐고. 밥 먹고 사는 일이 생활의 전부였다. "지금은 만고(만사) 편치. 수돗

물도 잘 나오겠다. 전에 산 기 하도 억울해 쪼까(조금) 더 살면 싶다."

그러면서도 할머니는 병들어 자식들을 고생시킬까 봐 걱정이다. "나이 먹을수록 목욕도 자주 해야 냄새도 안 나지. 전에 산 거로 생각하면 더 살면 싶은데, 구겡도 하고 여행도 댕기고 애 터지게 벌어갖고 그리 사는 기지." 어렵게 살았던 삶이 억울해서 할머니는 더 오래 살고 싶지만 어차피 오는 죽음이라면 편안히 맞이하고 싶은 바람 또한 크다. "사는 게 사는 걸까요. 안 죽으니께 산다고. 살면 얼마나 살겠다고. 자는 참에 소롯히 가뻐리면 좋겠다. 그기 편치." 죽음 앞에 초연한 듯한 할머니의 말씀이 하도 쓸쓸하여 나그네는 길 가는 내내 가슴이 먹먹하고 아리다.

귀찮아라! 이 잘난 섬에
뭐 볼 거 있다고 왔노

거제 화도

생선 거름으로 밭을 일구는 사내

초봄, 거제시 화도 송포마을. 어로를 다녀온 사내는 이제 또 밭을 일군다. 오늘은 채소를 갈아먹을 텃밭에 거름을 주고 도라지 씨앗을 심었다. 밭에는 썩은 생선과 해초 등이 뿌려져 있다. 물메기, 망상어, 인상어 등의 생선이 몰, 파래 등 해초와 섞여 거름으로 쓰인다. 옛날에는 섬에서 생선이나 해초를 거름으로 많이 썼지만 요즈음은 흔치 않은 풍경이다. 생선이 그만큼 귀해졌거니와 대부분 손쉬운 화학 비료나 판매되는 가축 분뇨 비료를 이용하기 때문이다.

하지만 사내는 섬의 땅에는 바다에서 올라온 것이 좋다고 믿는다. 오래 농사를 지으며 몸으로 얻은 깨달음이다. 여러 해 전부터 사내는 밭에 화학 비료를 쓰지 않는다. 처음에는 계분 등의 추비를 써봤는데 여름에 비가 오고 나면 낙화와 낙과가 심했다. 그 후로는 바다에서 나는 것들을 비료로 쓴다. 그랬더니 낙과와 낙화가 없어졌다. 해변에 떠밀려 온 썩은 생선이나 해초는 물론 미더덕이나 멍게, 성게 썩은 것도 거름으로 쓴다. 거름진 밭에는 도라지뿐만 아니라 고추, 마늘, 고구마, 옥수수, 배추, 무도 심을 것이다. 송포에는 집이 몇 채 있지만 사람이 사는 곳은 사내의 집뿐이다.

지금은 사내와 아내 둘이서만 사는 포구. 그러나 여름이면 놀러 온 육지 사람들로 포구가 소란스러워진다. 사내는 낚시꾼과 관광객이 몰려오면 아찔하다. 그들은 밤새 떠들고 놀고 술 마시고 노래 부르고 쓰레기까지 버리고 간다. 여름 내내 그렇다. 타인에 대한 배려라고는 손톱만큼도 찾아볼 수 없는 도시 사람들에게 진저리가 난다. 섬은 주민들의 삶의 터전이지 도시인들의 유원지가 아니다. 그 기분을 모르는 바 아니지만 놀더라도 최소한의 예의는 지켜줬으면 하는 바람이다.

다 가빌고 나만 남았지

화도는 거제의 섬이다. 면적이 1.21제곱킬로미터(36만 6,025평), 해안선 길이가 7.5킬로미터, 최고점이 115미터에 불과해 대체로 낮은 구릉으로 이루어져 있다. '붉섬'이라고도 한다. 임진왜란 때 이순신이 왜

한산해전의 주 무대이다. 전쟁의 바다가 이제는 평화의 바다가 되었다.

군을 대파했던 한산 바다의 중심부에 있다. 과거 통영군에 속했다가 거제군으로 편입된 뒤 1995년부터 거제시 소속이 되었다.

작은 섬이지만 마을이 7곳이다. 그러나 마을은 모두 몇 가구 되지 않는 작은 자연부락이다. 송포마을에서 진작금으로 넘어가는 길. 도로변에 할머니 한 분이 땔감용 나무를 갈무리하고 있다. "아직도 불 때고 사세요, 할머니?" 할머니는 방에 군불을 땔 나무는 아니고 밖에 걸린 솥에 쓸 연료용 땔감이라 하신다.

"어디서 왔소?" "인천서 왔습니다." "인천서? 멀리 왔네요. 시골에, 섬에 뭐 볼 게 있다고." 이 마을도 인기척 없이 고요하다. "젊은 사람들은 애들 공부시킨다고 나가고, 사업해갖고 나가고 노인들만 살아요. 노인들만 할 수 없이 오도 가도 못 해요." 노인들의 섬이다. 할아버지는 작년에 돌아가셨다. 통영에 사는 큰아들은 어선 사업을 하기에 자주 찾아온다. 하지만 할머니는 사업운 없는 아들이 안타깝다. 멍게나 굴 양식업에 비해 소득이 크지 않기 때문이다.

"큰아들은 고기잡이하는데 고기가 재미없어요. 멍게 하는 사람들은 팔자 고쳤어요." 자식 덕을 보고 싶어서가 아니다. "아들이면 뭐 하고 딸이면 뭐 할 거요. 자식 놔놓으면 뭐 할 긴데." 나이 팔십, 할머니는 다리도 아프고 허리도 아파 고생이다. 허리 수술을 받았지만 움직이기가 쉽지 않다. "몸이 안 아파야 되는데. 젊어서 고생만 해놓으니 아파. 수술하고 나서는 된 일은 못 해요."

할머니는 통영 미륵도가 고향이다. "친정에는 아무도 없어요. 다 가빌고 나만 남았지." 옛날에는 어느 섬이나 남자들은 뱃일을 하고 여자들이 살림을 꾸렸다. 할머니도 혼자 농사짓고 나무해다가 땔감하고 아이들을 길렀다. "변소 똥까지 퍼다 거름하고 그랬지."

하지만 고생한 보람도 없이 늙어서 남은 것은 병든 몸뿐이다. "인자는 비도 안 맞고 밥해 묵고 살기 좋아졌는데, 나이 많아지고 돈 없고." 몸이 아프지만 따뜻하게 잠을 잘 수도 없다. 전기장판 하나로 겨울을 났다. "기름값이 비싸서 보일라도 못 때고 전기장판이나 때고."

지금보다 더 가난했지만 옛날 군불을 때던 시절에는 따뜻한 방에서라도 지낼 수 있었다. 하지만 보일러를 놓고 기름에 의존하면서부터는 병들고 늙은 몸이 따뜻한 잠을 자기도 어렵게 되었다. "숨이 붙어 있으니께 산다 그라제. 노인네 사는 게 사는 게 아니구마."

혼자 사는 게 젤 펜해

고개 하나를 더 넘으니 진작금마을이다. 비탈밭을 일구던 할머니가 괭이를 들고 내려오신다. "뭐 심으시려고요?" "감자 숭글라(심으려)고, 때가 돼서 쪼간(조금) 숭글라고."

감자밭을 일구고 오신 할머니는 나그네가 어디서 왔는지가 궁금하시다, 섬에는 왜 왔는지도. "귀찮아라. 이 잘난 섬에 뭐 볼 거 있다고 왔노. 암것도 좋은 게 없어. 이런 데 오면 먹을 것도 없고." "서울보다 좋은데요." "이런 데는 서울 못 가서 애가 터져 죽는 사람도 있는데. 한번씩 가면 참 좋데요. 남산 공원도 좋고, 63빌딩도 좋고. 이런 디 모냥 안 지저분하고 칼칼해서 안 좋습니까."

할머니는 섬보다 서울이 좋다 하시면서도 서울에서 살라 하면 못 살겠다 하신다. "그런데 좋다고 오라 해도 요만 못하데요. 서울, 부산, 통영도 요만 못해." 서울이나 도시가 좋아 보여도 사는 데는 이 섬보다 좋은 곳이 없다. 어찌 안 그러실까.

"나 혼자 사는 게 젤 펜해. 아들도 귀찮고 딸도 귀찮고, 잘해주는 것도 귀찮고, 잘 묵는 것도 귀찮고. 잘해주면 좋아야 할 텐디 왜 그럴까요? 참 신기해요." 참, 신기한 일이다. "오랜만에 간다고 잘해주는 것도 싫어. 자식이라 해도 절대 가기 싫네요. 거참 신기하죠?"

할머니는 통영시 용남면이 고향이다. 어장을 하기 위해 화도로 들어와 40년을 살았다. 할아버지는 십여 년 전에 세상을 떴다. "영감은 죽을 때 돼서 죽었지. 뭐 해, 죽을 때가 되면 가야지. 조금 앞에 가고 조금 뒤에 갈 뿐이지. 다 가게 돼 있는데."

마을 사람들은 다들 바다에 나갔다. 이 섬도 굴과 멍게 양식이 주업이다. "자식들이 같이 살자 해도 섬 거기 뭐 있다고 가느냐 해도 여가 좋아요. 아파트 안에 갇혀서 아침에 나간 사람 저녁에 올 때까지 기다리자면 애가 터져 죽어." 사람이란 게 참 신기한 동물이다. 어떠한 안락과도 바꿀 수 없는 것이 자유다. 늙고 병들어도 그렇다.

4부

섬에는 역사가 있다

삶의 터전인 동시에
감옥이었던 섬

남해 노도

적이 퇴각하는 날 죽어 유감될 일을 없애겠다

　남해대교를 건넌다. 이순신의 마지막 바다, 노량은 하동과 남해도 사이의 해협이다. 노량에서 이순신은 철군하려는 왜군과 전투를 치렀고 그것은 생애의 마지막 전투가 되었다. 이순신은 노량에서 왜군의 총탄에 맞아 목숨을 잃었지만 그의 죽음에는 많은 의혹이 따랐다. 선조가 보낸 자객에 의한 암살설은 근거가 희박한 가설이나 스스로 죽음을 택했다는 자살설은 설득력이 없지 않다.

　1598년 8월 18일 도요토미 히데요시의 죽음으로 더 이상 전쟁을 지속할 동력이 없어진 왜군은 철군을 결정하고 강화 협상을 요청한다. 고니시 유키나가(소서행장)에게 뇌물을 받은 명나라 제독 유정은 전장에서 군대를 철수했고, 명나라의 진린 장군 또한 강화에 응하려 했으나 강화를 반대하는 이순신의 설득으로 진린의 함대는 노량의 전투에 참가한다. 이순신은 "조각배 한 척 돌려보내지 않겠다"고 선언하고 전투에 나선다. 퇴로를 열어주고 전쟁을 끝낼 수도 있었으나 결사 항전으로 대응한 것은 이순신다운 종결이었다. 모든 전투에 죽음을 각오하고 임했으니 마지막 전투라고 다를 까닭이 없었다. 용납할 수 없는 전쟁을 일으킨 적들이었으므로 적들의 무사 귀환 또한 용납될 수 없는 일이었다. 이순신은 "이 원수만 무찌른다면 죽어도 한이 없다"고 하늘에 고한 뒤 전투에 임했다.

이순신과 진린 함대는 왜군 선박 500여 척 중 200여 척을 격파하고 100여 척을 나포拿捕했다. 이순신은 도주하는 나머지 패잔선을 추격하던 중 총탄에 맞았고 "나의 죽음을 알리지 말라"는 유언을 남긴 후 죽음을 맞이한다. 방심했던 것일까. 어째서 이순신은 승전이 확정되고 전투가 끝나갈 시점에 위험 앞에 스스로를 노출시켰던 것일까. 늘 목숨을 아끼지 않고 전투에 임했던 이순신이었지만 전쟁을 끝내기 전까지는 죽을 수 없는 목숨이기도 했다. 자신이 목숨을 잃으면 나라 또한 사라질 것을 누구보다 잘 알았던 까닭이다. 하지만 이제는 전쟁이 끝났으니 자신의 역할도 끝났다고 생각했던 것일까. 패잔병들을 쫓는 일에 목숨까지 걸 이유는 무엇이었을까. 이순신이 스스로 죽음을 택했을지도 모른다는 의혹은 여기서 시작된다.

당시 조정에서는 전쟁에서 공을 세운 장수들을 대우하기보다 역모를 씌워 제거하려는 음모가 횡행했고 이 사실을 이순신은 누구보다 잘 알고 있었다. 이미 연이은 대승으로 큰 공을 세우고도 누명을 쓰고 처형당할 뻔한 경험도 있었다. 게다가 의병장으로 큰 공을 세웠던 김덕령 장군이 역모의 누명을 쓰고 옥중에서 목숨을 잃었던 터였다. 무능하고 질투심 많은 임금, 모리배로 가득한 조정, 전쟁이 끝나고 나면 '7년 전쟁'의 가장 큰 영웅인 자신이, 임금을 능가하는 백성들의 추앙을 받던 자신이 무사하지 못할 것을 이순신은 누구보다 잘 알고 있지 않았겠는가. 이순신은 전쟁의 종식과 함께 자신의 삶도 끝나게 될 것을 직감하고 있었을 터다. 그렇다면 이미 정해진 죽음 앞에서 선택만 남았다. 전장에서 명예롭게 죽을 것인가, 전쟁이 끝난 뒤 역모를 쓰고 구차하게 죽을 것인가.

아무리 나라를 위해 목숨을 걸었다 한들 인간으로서 고뇌가 왜 없었을까. 혹자는 이순신이 "죽으면 죽는 것이다"라는 확고한 사생관을 가졌기에 아무리 앞날의 위험이 느껴진다 해도 그것 때문에 미리 죽음을 택할 가능성은 희박하다고 주장하기도 한다. 하지만 이런 평가야말로 이순신이라는 인물을 너무 단순화시키는 것이 아닐까. 죽음 앞에 담백했기에 오히려 삶에 연연하지 않았을 수도 있다. 감정이 없는 기계가 아니고서야 어찌 구차한 죽음을 피하고 싶은 마음이 없겠는가. 단언할 수는 없지만 인간 이순신이 이미 정해진 죽음 앞에서 명

남해 노도 앞바다의 무인도 소치섬

예로운 죽음을 택했을 가능성은 충분하다. 게다가 자신이 역적으로 죽으면 자손들까지 화를 입게 될 것이 분명하니 그 또한 피하고 싶었을 것이다.

이순신이 투구를 벗고 선봉에 나섰다는 이야기가 전해지는 것도 그 때문이다. 후일 삼도수군통제사를 지냈고 이순신의 부하로 노량해전에 참전해 총탄에 맞아 부상을 입은 몸으로 전사한 이순신을 대신해 전투를 지휘했던 유형은 이순신의 두터운 신망을 받았고 이순신의 최후를 누구보다 가까이서 지켜본 장수였다. 유형이 전투가 있기 전 들었다고 전한 이순신의 말은 이순신의 자살 의혹을 더욱 부추긴다. "자고로 대장이 자기의 공로를 인정받으려 한다면 생명을 보전하기 어렵다. 그래서 나는 적이 퇴각하는 날 죽어 유감될 일을 없애겠다." 이를 어찌 허언이라 할 것인가. 숙종 때 대제학을 지낸 이민서의 기록 또한 이를 뒷받침한다. "의병장 김덕령이 역적으로 몰려 옥사하자 장수들은 목숨을 부지하기 어렵다고 생각했다. 그래서 곽재우는 군직을 떠나 야인이 되어 당쟁의 화를 피했고, 이순신은 싸움이 한창일 때 스스로 갑옷과 투구를 벗고 적탄에 맞아 죽었다."

삶의 터전인 동시에 감옥이었던 섬

역사상 어느 때보다 섬들이 천대받았던 조선시대, 섬들은 감옥이었다. 경기도와 충청도를 제외한 모든 땅이 유배지로 이용되었던 나라지만 특히 섬들은 가장 중한 죄인이 유배를 가는 엄중한 감옥이었다. 극형을 겨우 면한 자들이 기약 없이 유폐된 감옥이었다. 손암 정약전이 유배지 흑산도에서 죽음을 맞이했듯『구운몽』의 작가이자 노론의 거두였던 서포 김만중은 유배지 남해의 노도에서 죽음을 맞이했다. 일반 죄인뿐만이 아니었다. 폐위된 왕족의 감옥 또한 섬이었다. 폐왕이 된 광해군은 강화도를 거쳐 제주도로 이배된 뒤 18년이나 유배 생활을 하다가 제주도에서 숨을 놓았다. 폐주 연산군 또한 교동도로 유배당한 뒤 목숨을 거두었다. 노론의 거두 송시열 역시 거제도와 제주도에서 유배 생활을 하다 길에서 사약을 받았고 안평대군은 진도 유배지에서 사사되었으며 임해군은 교동도에서 유배살이를 하다 죽음을 당했다.

    섬사람들에게는 삶의 터전이었던 땅이 누군가에게는 유배지였으니 섬은 그 자체로 이미 감옥이었다. 조선시대 이전에도 섬이 유배지로 이용된 경우는 종종 있었지만 고려시대와 삼국시대의 섬은 결코 감옥이 아니었다. 신라시대 때는 완도의 청해진을 비롯한 수많은 섬이 해상무역의 거점이었고 고려시대 때 벽란도는 수많은 외국 배가 통관 절차를 밟던 국제 무역항이었다. 흑산도와 선유도 같은 섬은 외국과 교류하던 중간 거점이었다. 섬이 천대받고 유배지로 전락한 것은 조선이 섬을 버리는 공도 정책을 취한 뒤부터였다. 물론 공도 정책은 고려시대 말부터 시작되었지만 부분적이었고 거의 대부분의 섬을 비우는 공도 정책을 취한 것은 조선이었다.

고려시대 말 삼별초가 진도에 새로운 왕을 세웠을 때 서남해의 많은 섬이 이에 동참했다. 여몽 연합군에 맞서 항전하던 삼별초는 1270년 8월부터 9개월간 진도에 진주하며 또 하나의 고려 정부를 세웠는데 이때 전라·경상 해안지방과 진도는 물론 멀리 남해, 거제도까지도 삼별초가 장악했다. 삼별초의 소멸 이후 고려 정부는 삼별초에 동조했던 섬사람들을 강제로 이주시키고 공도로 만들었다. 삼별초에 동조했던 서남해 해상 세력이 극성을 떨던 왜구와 결탁할 것이 두려웠던 때문이다. 이때 진도, 거제도, 남해도는 물론 압해도, 장산도, 흑산도 등의 주민들이 뭍으로 강제 이주당했다. 진도의 경우 1350년부터 섬 주민 전체가 영암과 해남으로 이주당했고, 진도는 87년이나 무인지경이 되었다. 진도 사람들은 1437년 7월에야 고향 진도로의 재이주를 허락받았다.

고려시대 말 일부 섬에 대한 공도 정책이 특수한 상황이었던 반면 조선에서는 공도가 국가 정책이 되었다. 조선이 받들었던 명나라 또한 해상 세력의 성장을 견제하고 왜구와 결탁하는 것을 방지하기 위해 해금 정책을 폈다. 명태조 주원장은 집권 후 "단 한 조각의 판자도 바다에 떨어뜨리는 것을 불허한다"라고 선언했을 정도다. 서남해로 침투하는 왜구를 제어할 군사력이 약했던 조선은 섬 주민들이 왜구에

협조할지도 모른다는 막연한 불안감에 공도 정책을 취했다. 수많은 섬을 통치할 능력 또한 부족했다. 그래서 왕의 통치력이 미치지 않는 섬을 비우고 백성들을 통제할 수 있는 육지로 이주시켰다. 섬으로 들어가는 사람들에 대한 처벌은 엄중했다. 잠깐이라도 허락 없이 섬에 들어간 자는 장 100대에 처해졌다. 몰래 섬으로 들어가 사는 자는 본국을 배반한 죄에 준해서 벌을 주었다. 반역죄로 다스렸던 것이다. 주동자는 사형에 처하고 나머지는 잡아들여 관노비로 삼았다.

공도 정책으로 인해 섬 주민들은 섬에 산다는 것만으로 반역 죄인이 되었으니 섬은 기피와 두려움의 대상이 되었다. 임진왜란이 끝나고 왜구 세력이 미약해지면서 많은 섬이 공도에서 해제되었다. 하지만 울릉도나 욕지도, 금오도 같은 섬은 19세기 중반까지도 공도로 묶여 있었다. 공도에서 해제된 섬도 육지에서 살아남기 힘든 이들의 마지막 도피처였다. 정치적으로는 유배지로 이용되었다. 섬은 여전히 미천한 계급의 땅, 반역 죄인의 감옥이었다. 근래까지도 섬이 고립과 유배의 이미지로 고착화되었던 것은 이 때문이다. 남해도 또한 조선시대에만 서포 김만중을 비롯해 200여 명이나 유배를 살았던 유배의 땅이었다. 김만중 외에도 경기체가 〈화전별곡〉의 김구, 시조 "동창이 밝았느냐 노고지리 우지진다"로 유명한 남구만, 『남해문견록』을 남긴 류의양 등이 그들이다.

소설가가 아닌 정치 권력자 김만중

노도는 남해에 딸린 작은 섬이다. 남해로 유배를 왔던 서포 김만중은 노도에서 생의 마지막 순간을 맞이했다. 앵강만의 안온한 바다를 바라보며 그는 권력의 무상함을, 인생의 덧없음을 뼛속 깊이 느꼈던 것일까. 어머니의 유고 소식을 접한 김만중은 당시 남해 현령 백세부에게 부탁해 유배처를 남해 본섬 망운산 아래에서 노도로 옮겼다고 전한다. 기록은 없으니 물론 구전이다. 남해도가 임금이 보낸 유배처였다면 작고 외딴섬 노도는 김만중이 스스로에게 보낸 유배처였다. 남해 출신의 고두현 시인은 남해 유배길 김만중의 심정을 〈남해 가는 길: 유배시첩 1〉에서 이렇게 대변한다.

물살 센 노랑 해협이 발목을 붙잡는다
선천宣川서 돌아온 지 오늘로 몇 날인가.
윤삼월 적은 흙길을
수레로 천 리 뱃길 시오 리
나루는 아직 닿지 않고
석양에 비친 알몸이 눈부신데
망운산 기슭 아래 눈발만 차갑구나.

내 이제 바다 건너 한 잎

꽃 같은 저 섬으로 가고 나면

따뜻하리라 돌아올 흙이나 뼈

땅에서 나온 모든 숨 쉬는 것들 모아

화전花田을 만들고 밤에는

어머님을 위해 구운몽九雲夢을 엮으며

꿈결에 듣던 남해 바다

삿갓처럼 엎드린 앵강에 묻혀

다시는 살아서 돌아가지 않으리.

김만중은 평안도 선천에서 1년 남짓 유배살이를 하다 풀려난 지 5개월 만에 권력투쟁에 휘말려 남해로 유배되었다가 4년 뒤 죽음을 맞이한다. 마지막 유배지였던 남해의 노도에서 김만중은 숙종과 장희빈, 인현왕후의 관계를 빗댄 소설 『사씨남정기』를 집필했을 것으로 추정된다. 서인의 거두답게 김만중은 마지막까지 남인의 후원을 받던 장희빈을 사악한 여인으로 묘사한 글을 남겼으니 죽음 직전까지도 권력투쟁을 하고 간 셈이다.

송강 정철, 고산 윤선도와 함께 조선의 3대 고전 문학가로 꼽히는 서포 김만중은 조선시대 노론 계열의 명문가였던 광산김씨였다. 김만중은 병자호란 와중에 피란선 위에서 태어났다. 그래서 아명이 '선생船生'이었다. 김만중의 아버지 김익겸은 23세에 강화도가 함락되자 충의를 지키기 위해 자결했다. 그래서 김만중은 유복자였고 어머니에 대한 효심이 각별했다. 김만중의 증조부는 노론의 영수 우암 송시열의 스승인 사계 김장생이다. 공자를 모시는 사당인 문묘에 배향된 학자는 역사상 18명에 불과하다. 이들을 '동국 18현'이라 하는데 최치원, 설총, 안향, 정몽주, 조광조, 이황, 이이, 송시열 등 사상 최고의 학자들이다.

그런데 동국 18현 중 2명이 김만중의 집안이다. 증조부 김장생과 큰할아버지 신독재 김집, 그뿐만이 아니다. 김만중을 포함해서 조선시대 최고의 학자만이 역임할 수 있다는 홍문관 대제학을 7명이나 배출한 것이 김만중의 집안이다. 요절한 숙종의 첫 왕비 인경왕후 또한 김만중의 조카였다. 김만중의 집안은 최고의 노론 명문거족이었다. 게다가 김만중은 대제학뿐만 아니라 도승지, 예조, 병조판서, 좌참찬, 우참찬 등 최고위 관직을 누린 권세가였다. 김만중의 정체성은 『구운몽』이나 『사씨남정기』 같은 한글 소설을 쓴 소설가가 아니었다.

하지만 김만중은 그의 당파인 서인이 남인과의 권력투쟁에서 패배한 이후 몰락의 길을 걸었다. 서인이었던 인현왕후가 폐서인이 되고 남인이었던 장희빈이 왕후가 되자 서인이 실각하고 남인이 집권했다. 그 여파로 김만중은 모든 권력을 빼앗기고 돌아올 수 없는 유배의 길을 떠났다. 하지만 그의 권력투쟁은 유배지에서도 끝나지 않았다. 『사씨남정기』 같은 한글 소설로 권력투쟁을 이어갔던 것이다.

『구운몽』(남해에서 창작했다고 알려졌으나, 최근 연구로 선천에서 집필되었을 가능성이 큰 것으로 추정되고 있다)뿐만 아니라 노도에서 집필한 것으로 추정되는 『사씨남정기』는 일반 백성들까지 알아볼 수 있는 한글로 쓴 것이다. 여기서 궁금증이 일지 않을 수 없다. 최고 권력을 누리던 김만중이 어째서 양반들의 권력 독점 유지에 기여하던 한문이 아니라 한글을 애용했던 것일까. 물론 김만중의 한글에 대한 애착은 진정성이 있었다. 김만중은 그의 문집 『서포만필(하)』에서 한글 예찬론을 펴기도 했다.

> 지금 우리나라의 시문은 자기 말을 버려두고 다른 나라의 말을 배워서 표현하므로 설령 아주 비슷하다 하더라도 이는 단지 앵무새가 사람의 말을 하는 것과 같다.

김만중의 한글 사랑은 남다른 데가 있다. 하지만 그의 한글 소설 『구운몽』이나 『사씨남정기』가 모두 권력에서 밀려나 유배지에 있을 때 창작되었다는 것에는 어떤 함의가 있을까. 중앙의 권력투쟁에서는 패배했을 때 밑바닥 민심을 되돌리는 수단으로 한글을 활용했다고 보는 것은 억측일까.

노자 묵고 할배

　벽련항에서 여객선을 타고 앵강만 바다를 건넌다. 노도는 앵강만 안의 섬이다. 앵강만은 상주면 벽련마을에서 남면 다랭이마을까지 내륙 깊숙이 들어온 바다다. 앵강의 뜻은 무얼까. 어디에서도 앵강의 어원을 알려주는 단서를 찾기가 어렵다. 섬이나 해안지방에서는 바닷가를 '갱변'이라 한다. 바닷물은 '갱물'이다. 강물이란 뜻이다. 그렇다면 앵강은 혹시 내륙 깊이 들어온 안쪽의 바닷가라는 뜻은 아닐까. 안강을 '앵강'으로 발음한 것이 아닐까. 잠깐 궁금증에 사로잡힌 사이 도선은 5분 만에 노도로 입항한다.

　노도는 40가구에 200여 명까지 살았던 적이 있지만 지금은 겨우 20여 명의 주민이 거주한다. 60대 중반의 부부가 최연소 주민이다. 노인들만 사니 마을이 곧 경로당이다. 얼마 전까지 물이 제대로 공급되지 않는 편이었지만 노인들은 워낙 절약이 몸에 배어 부족함이 없었다. 사람이 많이 살 때는 만성적인 물 부족에 시달려서 배를 타고 남해 본섬으로 건너가 물을 실어다 먹고는 했다. 2021년 드디어 남강물이 해저 관로를 통해 들어왔다.

　노도는 섬의 형상이 삿갓처럼 보인다 해서 '삿갓섬'으로도 불린다. 산은 작지만 노도에는 굴참나무가 유난히 많았다. 굴참나무는 워낙 질기고 강해서 잘 부러지지 않는다. 그래서 노도의 굴참나무는 옛날부터 전마선의 노를 만드는 데 이용되었다. 굴참나무는 노를 만드는 재료로 남해 본섬이나 여수까지도 팔려 나갔다. 굴참나무를 사러 오는 외지인도 많았다. 노도 토박이지만 부산에서 교직 생활을 하다 4년 전 귀향한 노도 여객선 김광열 사무장님의 아버지도 노를 만들 굴참나무를 많이 베어다 팔았다. 노를 만드는 나무가 많았다 해서 섬의 이름이 노도가 된 것이라고 한다.

과거에는 섬의 산비탈까지 모두 일구어 고구마를 심어 먹고살았으나 지금은 대부분 묵정밭이 되었다. 30~40년 전까지만 해도 주민들은 집집마다 작은 전마선을 가지고 갯장어나 붕장어, 문어 등을 잡아 생활했다. 그 시절에는 고기잡이를 해도 판로가 마땅치 않았다. 잡은 생선들을 전마선으로 싣고 나가 광주리에 이고 30리 길을 걸어가 장에다 팔고 다시 30리 길을 걸어와야 했다. 장에 다녀와 식구를 부르면 전마선으로 실으러 왔다. 파도가 없는 날은 20분 거리지만 물살이 거센 날이면 1시간씩 노를 저어야 했다. 징그럽게도 고생만 하고 산 세월이었다. 지금은 상전벽해다. 남해 본섬까지 여객선으로 천천히 가도 5분이면 충분하다.

노도에는 김만중이 말년에 살았다는 이야기가 구전된다. 살던 집터와 숨을 거둔 뒤 1달 정도 가매장되었다는 허묘虛墓 자리도 남아 있다. 노도에서 전해지는 김만중은 '노자 묵고 할배'다. 섬 주민들은 그가 유배를 와 일도 하지 않으면서 늘 놀고먹으니 '노자 묵고 할배'라 불렀다 한다. 일하지 않아도 먹고살 돈이 충분했던 까닭이다. 그래서 허묘도 '노자'나 '묏등'이라 불린다. 근래 노도의 큰골에 복원된 서포의 유배 초옥 근처에는 수백 년 된 아름드리 동백나무가 줄지어 서 있다. 김만중의 유배 시절을 기억하는 나무들도 더러 있을 것이다. 옛사람들은 오래된 나무에게 기원하고 나무의 이야기도 알아들을 수 있는 능력이 있었다. 우리는 더 이상 나무와 소통하지 못한다. 우리가 다시 나무의 언어를 알아들을 수 있게 된다면 우리는 또 얼마나 많은 옛이야기를 들을 수 있을까. 그때는 김만중이 살던 시대의 노도 이야기도 들을 수 있게 되지 않을까.

진정한 유배문학

김만중의 유배 초옥과 허묘를 돌아보고 다시 마을로 나왔다. 어느 집 근처 밭 앞에는 '경작 금지'와 '출입 금지' 푯말이 서 있다. 필시 섬 주민 소유의 땅은 아닐 것이다. 빈 땅에 농사를 짓지 못하게 할 섬사람은 없다. 땅은 놀리면 황무지가 되는 것을 잘 알기 때문이다. 저 밭은 육지의 누군가가 사놓은 듯싶다. 야박한 밭 주인의 '경작 금지' 푯말에도 불구하고 밭에는 여봐란듯이 농작물이 심겨 있다. 한글을 모르는 할머니가 농사를 지으시는 걸까. 설령 한글을 모르신다 해도 섬사람 누군가가 푯말의 뜻을 알려주시 않았겠는가. 그래도 그 할머니는 집 가까운 텃밭을 놀리고 싶지 않으셨을 게다. 생명을 기르는 농사가 죄가 될 까닭은 없으니 그리하셨을 게다.

　막배 시간이 다 되었다. 도선의 뱃고동이 운다. 이제 다시 앵강만 바다를 건너야 할 시간이다. 나그네 또한 섬사람이라 그럴까. 더러 많은 평자가 김만중을 비롯한 섬 유배자의 외로움과 처절한 고독에 공감하는 듯 감정을 쏟아내는 것이 불편하기만 하다. 감정의 과잉처럼 느껴지는 까닭이다. 화려한 삶과 최고의 권세를 누리다 갑자기 몰락하여 섬으로 내쫓긴 유배자들의 고독과 커다란 상실감이야 짐작이 가고도 남지만 섬사람들은 그들이 누린 화려함이나 권세의 만분의 1도 평생 누려본 적 없이 온갖 고역에 시달리다 갔다. 유배자들이 감옥이라 여겼던 섬이 섬사람들에게는 삶의 터전이었다.

　유배지에서의 생활은 스스로의 능력으로 해결해야 했으니 모든 유배자가 김만중처럼 '노자 묵고'였던 것은 아니다. 하지만 노도 사람들의 시선에서 김만중은 팔자가 좋아 일하지 않고도 '놀고먹는 할배'였을 뿐이다. 섬사람들에게 김만중은 오히려 선망의 대상이었을 것이다. 이제는 유배자를 바라보는 시선도 허위의식에서 벗어나야 한다. 육지 중심·양반 중심·유배자 중심 시각에서 벗어나야 한다. 섬사람들의 입장에서도 바라볼 수 있는 균형 잡힌 시각이 필요하다.

　그와 함께 유배자들이 유배지에서 썼던 글을 모두 유배문학으로 볼 것인지에 대해서도 숙고해볼 필요가 있다. 몸은 유배지에 있으나 마음은 한양에 있고, 유배지에 살던 핍박받는 백성들의 고통스러운 삶에는 무관심한 채 오로지 자신의 신세 한탄이나 하는 글을 진정한 유배문학으로 볼 수 있을까. 다산 적양용처럼 백성들의 고통에 공감하고 어떻게 하면 그들을 고통에서 벗어나게 할 수 있을까, 고민하는 글이야말로 진정한 유배문학이 아니겠는가.

333년 세계 최장 농민항쟁에 승리한 불멸의 섬

신안 하의도

세계 1등 농민항쟁

한국은 유달리 세계 1등을 좋아한다. 그런데 한국 사람들이 모르는 세계 1등이 신안의 작은 섬에 있다. 세계 1등 농민항쟁의 역사가 섬에 있다. 대한민국 15대 대통령 김대중의 고향인 하의도를 비롯한 하의3도 농민들은 333년 동안이나 빼앗긴 땅을 되찾기 위해 절대 권력과 맞서 싸워 승리했다. 333년의 항쟁! 세계 최장, 세계 1등 농민항쟁. 세계사에 전무후무한 기록이다. '올림픽' 금메달이나 '월드컵' 4등이나 '피겨스케이트' 우승 같은 단발성 이벤트와는 비교조차 할 수 없는 기록, 위대한 업적이 아닌가. 그런데 대부분은 이런 위대한 역사를 모른다. 섬에서 일어났던 일이라 그런 것인가, 아니면 왕족이나 귀족이 아닌 농민들, 섬사람들이 이룬 업적이라 그런가. 스포츠 관련 대회에서 1등 한 운동선수나 오디션 프로그램에서 1등 한 가수는 잘 기억하고 칭송하면서 우리의 농민항쟁 세계 1등 역사는 존재조차 알지 못하는 것을 부끄러워해야 하지 않을까.

하의3도 주민들은 선조 임금의 딸 정명공주의 가문과 333년 동안이나 싸움을 지속한 끝에 빼앗긴 땅을 되찾았다. 우리 역사에서 아니 세계사를 보더라도 300년 넘게 항쟁을 지속해 마침내 땅을 되찾은 사례가 또 있을까. 더구나 외세를 등에 업지 않고 자력으로 승리한 사례가. 하의도는 한국사만이 아니라 세계사에서도 빛나는 불멸의 섬이다.

하의도 또한 섬이지만 어업보다는 농업이 많다. 과거 육지 사람이 섬으로 들어간 것은 어업을 위해서가 아니었다. 농사지을 땅을 갖기 위해서였다. 육지에서는 자신의 땅 한 뙈기 없이 소작인으로 살면서 지주와 관리에게 수탈과 억압을 받았다. 그러니 섬으로 들어가 황무지를 개간하고 간척하면서 온갖 고생을 다해 마련한 땅에 대한 애착은 육지 사람들의 상상을 초월할 정도로 컸다. 땅은 곧 생명이었기 때문이다. 섬사람이 자기 땅을 되찾거나 지키기 위해 목숨 걸기를 마다하지 않았던 것은 그 때문이다. 땅을 잃는 것은 목숨을 잃는 일이었다. 하의3도 사람들이 333년 동안이나 투쟁을 이어갈 수 있었던 것 또한 목숨만큼 소중한 땅에 대한 애착이 있었기에 가능했다.

하의도 대리의 하의3도농민운동기념관에는 하의도와 인근 섬 주

김 양식장, 섬은 바다의 농토다.

민의 333년에 걸친 농민항쟁의 역사가 기록되어 있다. 하의3도는 본래 하의도와 상태도, 하태도를 일컫는 말인데 상태도와 하태도 두 섬은 간척으로 하나가 되어 1983년 새로운 하의도, 곧 '신의도'라는 이름을 얻었다.

섬주민을 배신한 인조 임금

고려시대 말 삼별초의 난 이후 시작된 공도 정책으로 버려진 섬들의 농토는 임진왜란이 끝난 뒤 다시 들어와 정착한 사람들에 의해 개간되고 간척되어 만들어졌다. 전쟁으로 재정이 고갈된 왕실은 세수 확대를 위해 섬 지역의 입도와 개간을 권장했다. 조정은 개간한 땅의 경작권을 개간한 자에게 주기로 약속하고 섬 정착을 독려했다. 하의3도에도 그렇게 사람들이 들어와 황무지를 개간하고 갯벌을 간척해 옥토를 만들었다.

본래 조선왕조의 법전에도 미개간지는 개간자가 10년이 지나면 토지의 소유권을 갖게 되어 있었다. 그런데 1623년, 인조는 간척한 주민들에게 땅의 소유권을 주기로 한 약속을 어기고 하의3도의 개간된 땅 24결(약 14만 평)을 그의 고모였던 선조의 딸, 정명공주가 시집갈 때 혼수품으로 내주었다. 물론 조건을 달아 정명공주의 4대손까지 세미稅米를 받는 수조권도 주었다. 소유권을 빼앗긴 섬사람들은 억울해도 참았다. 하지만 정명공주가 시집간 홍씨 집안에서는 4대가 지나도 여전히 세미를 수탈했다. 엎친 데 덮친 격으로 4대가 지나자 홍씨 집안뿐만 아니라 관에서도 권리를 주장하며 세금을 징수했다. 주민들은 홍씨 집안과 국가 양쪽으로 세금을 뜯기니 살 수가 없었다. 일토양세—土兩稅였다. 얼마나 원통했으면 하의도에 '양세바위'라는 이름의 바위까지 생겼겠는가.

홍씨 집안은 1729년에 하의3도의 토지를 주민들에게 반환해야 했음에도 하지 않았다. 설상가상 정명공주의 5대손 홍상한은 주민들이 새로 개간한 땅 140결(약 84만 평)에 대해서까지 절수받았다고 하며 하의3도 주민들을 속여 세미를 수탈했다. 주민들은 굴하지 않고 싸웠다. 하지만 세도가인 홍씨 집안과 지주들을 이길 수 없었다. 그래도 포기하지 않고 싸웠다. 경종 때는 한성부에 소송을 제기(1725)하고, 영조 때는 사헌부 소송(1730)을 하고, 정조 때는 상경하여 진정서(1770)를 내는 등 끊임없이 싸웠다.

구한말과 일제강점기에는 하의3도의 땅이 홍씨 집안에서 내장원으로, 내장원에서 다시 홍씨 집안으로, 다시 조병택·백인기, 정병조, 우콘 곤자에몬, 가미나미 신조, 도쿠다 야시치, 신한공사 등으로 소유권이 넘어가고 또 넘어갔다. 섬 주민들은 부당이득반환 청구소송(1909)과 농민조합운동(1928), 도세납부 거부(1946) 등으로 맞섰으며 해방 후 미국 군정하에서도 소작료 불납동맹과 7·7 도민봉기 등으로 항거했다.

그러다 1950년 2월 13일, 제헌국회의 무상환원 결의를 이끌었다. 그리고 1956년 불하 형식으로 물경 333년 만에 땅을 되찾았다. 물론 그 이후 몇 차례 미등기된 땅을 등기 완료했고 여전히 미등기된 땅도 조금 남아 있지만 하의도 주민들은 이때 땅에 대한 온전한 권리를 되찾았다.

장대한 항쟁의 승리

하의3도 농민항쟁은 장대한 승리였다. 어찌 세계사에 빛나는 불멸의 승리가 아니겠는가. 이런 장기간의 농민항쟁은 세계에서도 유래없는 역사다. 유네스코 세계기록유산은 "탁월한 보편적 가치, 즉 국경을 초월할 만큼 독보적이며, 현재와 미래세대의 전 인류에게 공통적으로 중요한 문화 및/또는 자연적 중요성을 가진 기록물을 영구히 보존"하기 위해 지정한다. 그래서 2017년에는 '조선통신사에 관한 기록'과 '국채보상운동기록물'이, 2023년에는 '동학농민혁명기록물'이 유네스코 세계기록유산으로 등재되었다. 2025년 '산림녹화기록물'도 등재되었다. 3세기 동안이나 중단 없이 싸워 승리한 '하의3도농민운동기록물'의 가치가 이들보다 못하다 하겠는가. 세계사에서도 전무후무한 하의3도농민운동기록물 또한 세계기록유산으로 등재될 이유가 충분하다. 이 소중한 역사를 묻어두는 것은 국가적 손실이다.

서해왕이 살던
전설의 섬

신안 태이도

원불교 창시자 소태산도 타리 파시 상인으로

과거 일본 어부들이 목포는 몰라도 타리 섬은 알았다는 이야기가 있다. 대체 얼마나 대단한 섬이었던 것일까. 타리 섬은 신안군 임자면에 딸린 작은 섬, 태이도의 옛 이름이다. 태이도는 대태이도와 소태이도 두 섬을 함께 이르는 말이다. 대태이도는 '큰타리' 혹은 '섬타리'라 하고 소태이도는 '작은 타리' 혹은 '뭍타리', '육타리'라고도 한다. 섬타리는 배로 건너다녔고 뭍타리는 임자도 본섬과 모래 언덕인 풀등으로 연결되어 있어 썰물 때면 걸어서 왕래했다. 하지만 북풍이 심한 곳이라 해마다 조금씩 풀등의 모래가 쓸려 나갔고 50여 년 동안 모래가 유실되어 지금은 모랫길이 아주 끊겼다.

대태이도의 면적은 0.4제곱킬로미터(12만 1,000평)이다. 1973년 내무부에서 발간한 『도서지』에는 8가구, 49명이 살았다고 기록되어 있다. 섬이 작으니 대부분 3~4가구 내외가 살다가 현재는 사람이 살지 않는 무인도가 되었다. 무인지경이 된 이 작은 섬에는 실로 엄청난 해양 역사가 깃들어 있다. 일제강점기 '서해왕西海王'이라는 별명을 가진 전라도 제1의 부자가 살기도 했다. 그 드넓은 호남평야나 나주평야의 대지주가 아니라 섬사람이 전라도 제1부자였다니 놀라운 일이다. 타리섬 인근 바다는 최고의 민어 어장이었다. 그래서 해마다 여름이면 수백 척의 어선과 상선이 몰려와 조업을 했고 파시가 열려 돈이 넘쳐흘렀다. 심지어 원불교 창시자인 소태산 대종사도 타리 파시에서 장사를 해 돈을 벌었다고 한다.

1908년에 발간된 『한국수산지』에도 "옛부터 이름난 민어 어장은 신안의 타리도(태이도)와 재원도, 인천의 덕적도, 평안도 신도 바다였다. 타리 어장이 가장 중요한 민어 어장"이라는 기록이 남아 있다.

민어는 서남해에 많고 동해에 이름에 따라 점차 감소하여 강원·함경도 연해에 이르러서는 거의 볼 수 없다. 민어의 어장은 완도, 진도, 태이도, 칠산탄, 격음열도, 인천, 진남포, 연평열도, 압록강이고, 가장 주요한 어장은 목포 근해 태이도, 금강 강구江口, 군산 근해 및 압록강 강구다.

'서해의 왕'이 살았던 왕도, 태이도와 임자도 사이에서 조선 최대의 민어 파시가 열렸다.

〈동아일보〉 1928년 8월 18일자 기사에도 타리 민어 어장이 조선에서 제일 큰 곳이라 기록되어 있다.

태리(타리) 어장은 민어 어장으로 조선에서 제일 큰 곳이요 그다음이 굴업도 어장이라 한다. 산물 중에는 민어 외에 가오리, 부서(부어) 등을 합하야 연산액 삼십만 원의 고기가 잡힌고 한다.

전라도 제1의 부자가 살던 섬

조선 최대의 민어 어장이 있었으니 타리 섬에는 '서해의 왕'인 전라도 제1의 부자가 살 수 있었던 것이다. 서남해에서 '왕' 소리를 들은 이는 신라시대 청해진(완도) 대사였던 '해상왕' 장보고 이후 천 년 만이었다. 왕건과 최후까지 맞서 싸웠던 후삼국 시대 서남해 해상 세력의 수장이었던 압해도의 수달 장군 능창도 '왕' 소리는 들어보지 못했다. 그러니 '서해의 왕'이라는 별칭은 그가 얼마나 대단한 위세를 떨쳤을지 짐작하게 한다.

지금도 민어는 값비싼 생선이지만 일제강점기에도 귀한 대접을 받았다. 귀하다는 참조기 최상품 10마리와 민어 최상품 1마리가 같은 값이었다. 거기다 1920년대에는 임자도 현지에서 12전 하던 민어 1마리가 경성에서는 3원이었다. 중간상들은 무려 30배에 가까운 폭리를 취했다. 민어가 큰 돈벌이가 되었으니 유통상이었던 전라도 최고 부자도 타리 섬에서 탄생할 수 있었다. 그가 바로 서해왕, 무관의 제왕이라 불리던 정택근이었다. 서해안에서 나는 수산물은 정택근의 손을 거치지 않으면 매매가 되지 않았다고 한다. 임자도 일대 10여 곳의 섬도 정택근의 소유였다. 최고의 수산물 유통 상인이자 어장주이고 지주였던 정택근. 1928년 8월 18일, 그에 대한 기사가 〈동아일보〉에 실렸다.

서해안 일대의 무관 왕

종선으로 섬태리 정택근 씨를 찾기로 하였다. 씨는 서해왕이란 별명을 듣는 분이다. 실상이 섬 근처에서는 무관의 왕이라 할 만하다. 임자도 마즌편에 잇는 십수 처의 섬들이 모다 씨의 소유이며 서해안에서 나는 어물들도 씨의 손을 거치지 않고는 매매가 되지 못한다고 한다. 씨의 집도 역시 가사(가건물)인데 라듸오를 설치하야 놓고 각 방면 소식을 듣고 잇으며 어부와 중상(중간상)이며 고기 살어 온 사람들이 그 집을 포위하고 먼저 보고 가기를 다툰다. 바쁜 시간을 타서 잠간 만나 어장에 대한 이야기를 듣고 뭇태리에서 하룻밤을 쉬기로 하였다. 밤이 되니 어선들의 등불로 태리 어장 부근은 불야성을 이루었다.

400년 역사의 타리 어장

원불교 창시자인 소태산 박중빈 대종사도 타리 파시에서 장사를 해 아버지가 진 빚을 갚았다는 이야기가 전한다. 소태산이 1911년 6월부터 타리 파시에서 3개월 동안 장사해 큰 빚을 모두 청산했을 정도였다니 타리 파시의 규모를 짐작할 수 있다.

파시波市는 본래 어류를 거래하기 위해 열리던 해상 시장이었다. 성어기가 되면 고기잡이배들이 조업하는 어장에 상선商船이 몰려들었다. 어선들은 생선을 팔았고 상선들은 어구와 식량, 땔감 따위를 팔았다. 어선과 상선이 뒤엉켜 서로 사고파는 해상 시장이 파시의 출발이었다. 하지만 어선과 상선이 많아지고 어획량이 늘어나면서 시장이 차츰 어장 근처의 섬이나 포구 등으로 옮겨 갔다. 파시는 어판장과 선구점, 음식점, 술집, 잡화점, 숙박시설, 각종 기관 등까지 갖추어진 성어기의 임시 촌락으로 발전했고 어업 전진 기지 역할을 겸했다.

타리 어장의 역사는 400년이 넘는 것으로 추정되고 있다. 1611년 허상옥이 타리 어장을 개척하면서 시작되었다고 한다. 다음은 임자도가 고향인 김영회의 책 『섬으로 흐르는 역사』(동문선, 1999)에 기록된 타리 파시 이야기다.

민어 어장은 타리섬 북쪽 20~30리에 형성됐다. 파시는 매년 6월 상순에서 10월 하순까지 약 5개월간 열렸으며 최대의 성어기는 8월이었다.

이곳은 파시가 열리기 전에는 한 채의 집도 없는 모래사장에 불과하였다. 그러나 매년 6월 상순이 되면 타리 일대는 뭍타리 앞에서 하우리까지 잇대어 지어진 수백 호의 초막과 항구에 정박한 어선들의 전기불로 불야성을 이루었다. 타리항에는 고기 사러 온 배와 잡아가지고 팔러 들어온 배, 수천 명의 어부와 민어를 사러 온 상인, 관광객들로 붐비고 들끓었다. 이러한 사람들을 상대로 상인들이 찾아왔다. 그들은 봄이면 장사를 나왔다가 늦가을 파시가 끝나면 고향으로 돌아갔다. 한 철 잘 벌면 거금 몇십 원씩을 쉽게 벌었다.

일제강점기에는 일본 수산협회 소속의 상고선들이 한국 민어 어장의 민어를 냉장해서 일본으로 실어 갔다. 타리 바다는 1906년경부터 일본의 안강망 어선들이 조업했을 정도로 일본에도 잘 알려진 민어 어장이었다. 그래서 타리 파시에 대한 일본인 학자들의 현장답사 기록도 남아 있다. 일본에서 발간된 「조선다도해여행각서朝鮮多島海旅行覺書」는 타리 파시의 현장을 생생하게 기술한다. 보고서는 1936년 일본의 인류학자이자 경제관료를 역임했던 시부사와 게이조가 저술했다. 1936년 여름, 신안(당시 무안)의 타리도, 임자도의 하우리와 진리, 수도, 증도, 영광의 낙월도 등을 탐방하고 기록을 남긴 것이다. 한국의 섬에 대한 일본인의 최초 학술조사 보고서로 평가된다. 기록물 중에는 사진은 물론 영상물도 보존되어 있다. 당시 섬 지역의 생활상, 농어업 풍경과 임자도 타리 파시의 모습이 생생하게 담겨 있다.

1936년 기록에 따르면 그때 임자도 하우리의 나박바우(나박바위)에서부터 뭍타리가 건너다보이는 모래밭까지 들어선 '막'이라 불린 임시 상점에서 타리 파시가 열렸다. 파시 때는 선술집, 여관, 음식점, 요릿집, 잡화점, 이발소, 선구점, 소금가게, 목욕탕, 세탁소 등 100여 개의 상점이 영업을 했다. 일본인이 운영하는 가게도 요릿집 4곳, 잡화상 8곳 등 16군데가 있었다. 해방 후에도 모래밭에 파시가 서 50여 군데의 '색싯집'이 있었고 작부들이 술을 팔았다.

일제에 항거하다 자결한 50인의 타리 기생

칠석이면 민어 파시가 열리는 백사장에서 제사가 모셔졌다. 제사는 유흥업소 직원들과 상점 주인들이 주관했지만 수많은 임자도 사람이 참석했고 목포에서까지 배를 타고 구경을 오기도 했다. 타리 파시에는 갖가지 슬픈 사연이 전해진다. 그중에서도 타리 기생 이야기는 가슴을 저미게 한다. 기록이 없는 구전이지만 임자도 하우리의 노인들은 그때 일을 생생하게 들려준다.

어느 해 여름 일본 어부에게 조선 기생 한 사람이 맞아 죽었다. 기생들은 주재소로 몰려가 항의했지만 살인자는 처벌받지 않았다. 식민지 백성의 비애였다. 파시 촌에 있던 타리 기생 50여 명은 동료의 억울한 원한을 풀 길이 없자 다 함께 양잿물을 마시고 자결했다. 주민들은 이들의 시신을 하우리 모래밭에 묻어주었다. 하지만 이들의 억울한 죽음에 대한 당시의 기록은 남아 있지 않다. 노인들의 증언 외에 『섬으로 흐르는 역사』에 그 이야기가 기록되어 있다.

한일합방 직후 일본인 한 패가 타리에 들려 조선 기생을 불러서 놀다 잠자리를 요구하였다. 이에 조선 기생이 '창이나 글이라면 모르나, 조선의 여인인 우리가 당신들에게 몸을 허할 수 없소'라며 거절하였다. 이에 술에 취한 일본인 1명이 칼을 뽑아 그 기생을 후려쳤다. 억울한 죽음을 당한 기생을 두고 일본인들이 임자도를 떠나자 50여 명의 기생들이 모래밭에 앉아 울다 저녁에 머리 기생의 초막에 모여 양잿물을 마시고 목숨을 끊고 말았다. 이들의 주검은 하우리 쪽 모래밭에 묻혔다고 알려지고 있다.

구한말부터 일본인과 조선인의 갈등에 대한 기록이 많이 남아 있는 것으로 보아 타리 기생 집단 자결 이야기도 충분히 일어났음 직한 사건이다. 1896년 당시 지도(무안) 군수였던 오횡묵이 쓴 『지도군총쇄록』은 1896년 6월 말경 정박 중이던 일본 창고선 선원들이 지도군에서 임자도에 파견한 관리를 피살한 사건이 있었다고 기록되어 있다. 1920년에는 타리 파시에서 일본인들이 조선인 1명을 집단 구타한 사건이 있어서 100여 명의 조선인이 타리에 파견 나와 있던 임시 경관 출장소를 포위하고 항의한 사건도 있었다. 구전도 기록이다. 책에 없을지라도 섬에는 구전이 있고 기생들의 원혼을 달래는 제사도 있었다. 그러니 타리 기생들의 이야기가 뜬소문만은 아닐 것이다. 타리 파시가 열렸던 임자도 해변에 그녀들을 기리는 작은 추모비라도 하나 세워진다면 좋겠다.

철마 타고 온 사도세자를
신으로 모시는 섬

신안 수도

지난한 목숨의 흔적

    수도水島는 물의 섬이다. 물이 좋아 '수도'라는 이름을 얻었다. 2021년 3월 연륙교가 놓이며 육지로 편입되었다. 수도에는 20가구, 30여 명의 주민이 한 마을에 모여 산다. 그중 세 가구가 바닷물에 양식 그물을 띄워 김을 기르는 부유식 김 양식장을 운영한다. 김 양식은 가을부터 초봄까지 이어지지만, 겨울이 절정이다. 인부들은 모두 외부에서 들어온 계절노동자다. 수온이 올라가면 양식을 할 수가 없다. 5월, 김 양식이 모두 끝나면 양식 어선은 수리에 들어간다.

    수도 앞바다와 갯벌에는 임자도 근해 다른 섬에서는 볼 수 없는 뗏목이 떠 있다. 동력이 없어 다른 배가 끌어주어야만 하는 무동력선.

뗏목 위에는 나무로 지은 가건물까지 실려 있다. 선상 오두막집이다. 저 뗏목들은 모두가 실뱀장어를 잡는 어선이다. 2월부터 5월 초까지 수도 앞바다로 몰려오는 실뱀장어를 잡는다. 뱀장어는 오랜 세월 산란 과정이 베일에 싸여 있던 신비한 물고기다.

뱀장어는 일생 중 산란기와 유어기에만 바다에서 지내고 다른 때는 하천이나 호수 등 민물에서 생활한다. 뱀장어가 하천에서 산란장인 심해저에 도달하려면 4천 마일(6,437킬로미터)의 기나긴 바닷길을 항해해야 한다. 하천을 떠나 바다로 가기 위해 뱀장어는 스스로 체질을 변화시킨다. 염분이 없고 수압이 낮은 하천에 살다가 염분 농도가 강하고 온도와 수압이 높은 심해저에 살기 위해 민물과 바닷물이 만나는 기수 구역에서 고된 훈련을 거듭한다. 훈련이 끝난 뒤에야 뱀장어는 머나먼 항해 길에 오를 수 있다. 하천을 떠난 뱀장어는 대항해 끝에 필리핀 북방 해역의 심해저에서 산란한다.

부화 직후의 어린 뱀장어는 댓잎 모양을 띠고 있어 '댓잎뱀장어'라 부른다. 길이가 1~2센티미터에 불과한 댓잎뱀장어가 생활 터전인 육지의 하천으로 돌아오기 위해서는 보통 1~3년이 걸린다. 그토록 어린 뱀장어가 장거리를 이동할 수 있는 것은 해류 덕분이다. 댓잎뱀장어는 항해 과정에서 실뱀장어로 변한다. 실뱀장어도 2~6센티미터에 불과하다. 여러 해에 걸쳐 수천 마일을 항해해 온 작고 여린 실뱀장어들이 수도 앞바다에서 채집되는 것이다. 얼마나 귀하고 소중한 생명들인가. 우리

사도세자의 영혼은 저 다도해 섬들을 떠돌다 물섬까지 흘러왔으리.

가 먹는 민물장어구이 한 점에도 그토록 지난한 목숨의 흔적이 기록되어 있다.

비극의 주인공 사도세자를 모시는 제단

정조가 조선의 새로운 왕으로 등극하던 정조 원년(1777), 신안의 섬 수도에 사도세자가 철마를 타고 나타났다. 물론 전설이다. 수도 뒷산인 당산에는 오래도록 철마가 모셔져 있었다. 당산은 '무산舞山'이라고도 불렀다. 산 이름이 무산이 된 데는 또 다른 전설이 있다. 서른이 넘도록 장가를 못 가고 있던 봉 씨가 하늘에서 선녀들이 목욕하러 내려온다는 이야기를 듣고 수도로 건너와 기다렸다는 데서 유래했다. 선녀들이 나풀나풀 내려오는 것이 춤추는 것처럼 보였던 것일까. 아무튼 1908년에 편찬된 『지도군지』에는 사도세자를 수도의 신으로 모시게 된 이야기가 기록되어 있다.

4부_ 섬에는 역사가 있다　　287

군에서 서쪽으로 10리를 가면 수도가 있다. 이 수도에는 무산이 있으며, 형세가 거인鉅人의 큰 덕과 같이 근엄한 모습으로 아래를 굽어보는 모습이다. 무산의 산정에 장조 황제(사도세자)를 모시는 단壇이 있다. 1777년 10월 어느 날 밤에 촌민 이관중, 김석정, 채후천 등의 꿈속에 사도세자가 나타나 말하기를 "내가 팔도를 둘러보아도 안심하고 거처할 곳이 없었는데 이곳이 점차로 조용하고 평화롭게 되니 내가 이곳을 탕목읍湯沐邑(천자가 제후에게 준 영지)으로 삼고자 한다. 너희들은 이를 유념하여라" 하였다.

그러나 세 사람의 촌민이 깊게 믿지를 않자 다음 날 밤 꿈속에 나타나 말하기를 "너희들이 믿기지 않으면 후포에 2필의 철마가 있으니 가서 보아라. 이것은 곧 나의 신표다. 이 철마로서 증표를 삼아 단을 쌓고 한 잔 현주玄酒(술 대신 올리는 찬물)와 정성을 다하여 청결하게 제사를 지내되 충족하게 차리지 말 것이니 백성의 폐가 된다" 하였다.

세 사람이 몹시 두려워 잠이 깼다. 세 사람이 모여 꿈에 대한 이야기를 하니 세 사람 다 한결같이 똑같았다. 이에 즉시 후포에 가서 보니 과연 철마 2필이 있었다. 곧 2필의 철마를 가지고 돌아와 석단을 쌓고 단 아래에 철마를 모셨다.

세 집안의 자손은 대대로 매년 길일을 정하여 사도세자의 빈 위패를 모시니 허주虛主를 제사 지내는 위패로 한 것으로 정성과 공경으로서 제사 지내기를 오늘에 이르렀다. 이처럼 제사를 지내니 바다가 고요해지고 풍랑이 없고 또한 만약에 이처럼 제를 모시지 않고 정결하지 못하다거나 공경을 다 하지 않으면 벌을 받는 증험이 나타나 사람들은 엄히 하지 않을 수 없으며 군민이 서로 합심하여 정성을 다하여 제를 모시지 않을 수 없게 되었다.

수도 사람들은 당제를 모시던 제단을 사후 장조 황제로 추존된 사도세자의 시호를 따 '장조단'으로 불렀다. 인근 무안군 운남면 동암리 원동마을에도 사도세자를 모신 동암묘가 남아 있으니 수도의 장도단에 얽힌 전설은 동암묘와도 연결된다. 수도 사람들이 장조단에 당제를 올리는 날이면 바다가 울고 바람이 불었다고 한다. 원동마을 당제에서도 당산 할머니, 당산 할아버지와 함께 사도세자에 대한 제사가 모셔졌다.

그런데 어떻게 비극의 주인공 사도세자를 모시는 제단이 머나먼 외딴섬에 세워지게 된 것일까. 어떻게 전설이 만들어져 전해지는 것일까. 전설이 그냥 전설일 리 없다. 사도세자와 수도가 어떤 식으로든 연관이 있기 때문일 거다. 수도의 모섬 임자도에는 국영 목장이 있었는데, 1415년에 개설되었다. 1711년 임자진이 설치되면서 수군 첨절제사僉節制使가 임자도 목장을 감독하는 감목관을 겸임했다. 이때 175마리의 말을 길렀다고 한다. 하지만 정조 20년(1796)에 임자도 목장은 폐쇄되었다. 정조가 임자도 목장을 폐쇄한 것은 신하들이 사도세자의 제사 비용 조달을 위해 건의했기 때문이라는 이야기가 전한다.

또 다른 이야기는 사도세자 사후 그를 동정하는 세력과 영조를 옹호하는 세력으로 갈렸는데 사도세자를 옹호하는 세력이 임자도나 무안 지역으로 유배당하면서 사도세자의 제사를 지냈고 그 전통이 수도나 무안에 사도세자에 관한 전설을 만들어낸 것으로 추정한다. 지금의 우리는 전설의 근원을 알 길이 없다. 하지만 머나먼 낙도에 있는 사도세자 신당은 참으로 귀한 문화유산이다. 당제가 끊긴 뒤 방치되어 있는 사도세자 신당을 복원해서 보존하는 것이 옳지 않을까.

대영제국도 탐낸
섬들의 고향

진도 대마도

명량해전 승리 뒤 진도의 피눈물

　진돗개와 〈진도 아리랑〉 등으로 대표되는 진도는 원형의 섬이다. 진도가 오랜 세월 섬 고유의 독자성을 유지할 수 있었던 이유는 육지와 격리되어 있으면서도 자급자족할 만큼 농토가 충분했기 때문이다. 진도로 인해 우리는 잃어버린 고향의 원형을 간직할 수 있게 되었다. 그런 진도가 역사상 크게 3번, 타의에 의해 참혹한 희생을 치렀다. 가장 최근이 2014년 '세월호 참사'다. 세월호 참사로 꽃 같은 목숨들이 희생당했고 그 유족들은 참혹한 고통을 겪었다. 그동안 상주喪主를 자처했던 진도 사람들 또한 그에 못지않은 고통을 겪었다. 세월호 참사 후 고통과 직면하는 것이 싫어서 사람들은 진도를 외면하고 심지어

진도산 수산물을 기피하기도 했다. 세월호는 지상으로 나왔으나 진도는 수면으로 떠오르지 못하고 힘겨운 시간을 보냈다.

또 하나는 명량해전의 승리 뒤에 숨겨진 진도 사람들의 희생이다. 그 증거가 진도군 고군면 도평리 일대에 있는 정유재란丁酉再亂 순절자 묘역이다. 하지만 승리를 칭송하기 바빠 누구도 이 묘역을 주목하지 않는다. 유명 가수의 생가는 찾아가면서도 이 묘역에는 참배하지 않는다. 대부분의 진도 방문객이 존재조차 모르는 이 묘역에는 뼈아픈 역사의 진실이 매장되어 있다. 역사는 명량해전의 승리를 이순신 장군의 승리로만 기록한다. 그러나 전투는 진도 섬 주민들의 희생하에 이룩된 피 어린 승리였다. 명량해전에 대한 평가는 이순신이 13척의 전함으로 적의 함대 133척 중 31척을 파괴한 대승으로 기억한다. 아군의 전함은 전혀 손실이 없었고 단 2명의 사망자와 부상자도 2명뿐인 완벽한 승리.

하지만 이것이 전부일까. 전투는 진정 승리로만 끝난 것일까. 아니다. 명량해전 후 수없이 많은 진도 섬과 해남 우수영 주민이 희생당했다. 명량해전에서 승리한 이순신 함대는 왜군 함대가 전열을 정비해 공격하기 전에 서둘러 진도를 떠나 피신해야 했다. 다시 시작된다면 승산 없는 전투가 될 것이 뻔했기 때문이다. 이순신 함대가 신안 당사도와 부안 위도를 거쳐 군산 선유도까지 올라가 은신한 사이 진도에서는 어떤 일이 벌어졌을까.

그야말로 진도는 인간 도살장이 되었다. 진도 사람들이 명량해전의 뒷감당을 한 것이다. 왜군은 진도에 상륙해 진도 사람들을 닥치는 대로 도륙하며 이순신 함대에 패배한 보복을 자행했다. 이순신의 고향인 아산 사람들의 희생도 뒤따랐다. 이순신에 대한 보복을 위해 조직된 왜군 특공대는 아산을 불바다로 만들었고 그 와중에 이순신의 셋째 아들 면도 죽음을 당했다. 하지만 즉각적인 보복의 대상이 되고 가장 막심한 피해를 입은 것은 진도 사람들이었다. 정유재란 순절자 묘역에는 진도 사람 조응량 등 232기의 시신이 묻혀 있다. 양반 몇을 제외한 일반 백성은 이름조차 없다. 역사가 기록하지 못한 진실이 봉분으로 기록된 것이다. 시신이 수습되어 무덤에 묻힌 이들이 232명일 뿐, 실제로 얼마나 더 많은 진도 사람이 살육당했는지는 알 수 없다. 그런데도 우리는 언제까지 명량해전을 완벽한 승리로만 기억해야 할까.

또 하나, 진도의 희생은 고려시대 말 항몽전쟁 시기다. 진도에는 항몽 유적지가 많다. 강화도에서 반란을 일으킨 삼별초가 새로운 근거지로 삼았던 곳이 진도였기 때문이다. 용장산성, 남도진성, 배중손 사당, 왕온의 묘 등이 삼별초 시절 유물이다. 육지 사람들의 시선과는 달리 진도 섬 주민들의 입장에서 삼별초는 점령군에 다름 아니었다. 30년 동안의 전쟁을 종식시키고 무신 정권에 빼앗겼던 왕권을 되찾기 위해 고려 정부가 원나라에 굴복해 강화협정을 하고 개경 천도를 단행하자 삼별초는 강화도에서 반란을 일으켰다. 김통정, 배중손 등의 삼별초 지도부는 왕실 종친이었던 왕온을 새로운 왕으로 추대하고 진도로 근거지를 옮겼다. 천여 척의 선단을 이끌고 진도를 점령한 삼별초는 항몽 근거지인 용장산성을 개축하고 왕궁을 건설하며 수많은 진도 주민들을 강제 노역에 동원했다.

진도 삼별초의 항몽운동 이면에는 항몽을 통한 무신 권력 유지라는 의도가 담겨 있었고 진도 주민들은 그 희생양이었다. 강화도 시절에도 내륙의 백성들이 몽고군의 칼날에 도륙당할 때 무신들은 호의호식하며 권력투쟁에 몰두했고 그 앞잡이 노릇을 한 것이 삼별초였다. 그들은 심지어 몽고 침략으로 고통받던 고려 본토의 농민항쟁을 진압하고 살육을 일삼지 않았던가. 진도 섬 주민들은 여몽 연합군의 진도 공격 때는 화살받이가 되어 목숨을 잃었고 삼별초의 난이 진압된 뒤에는 포로로 끌려갔다. 삼별초 진압 뒤 진도에서 포로로 잡혀간 사람은 만 명이 넘었다고 한다. 그들 중에는 죄 없는 진도 사람도 부지기수였을 것이다. 삼별초의 난이 평정된 뒤에는 진도 주민 전체가 영암과 해남으로 강제 이주당해 섬은 텅 비었고 주민들은 89년 동안이나 고향으로 돌아가지 못한 채 디아스포라Diaspora가 되어야 했다. 하지만 우리의 역사는 삼별초 항쟁만 가르치지 진도 사람들의 희생에는 일언반구도 하지 않는다. 이게 온당한 역사 인식일까. 진도 사람들은 그 큰 슬픔을 어찌 견디며 살아왔을까. 〈진도 아리랑〉을 부르며 한을 달래고 독한 진도 홍주를 마시며 시름을 잊고 살았던 것은 아닐까.

대영제국이 탐내던 새 떼 왕국

진도 본섬의 오라Aura가 너무도 커서 진도에 소속된 작은 섬은 좀처럼 눈에 띄지 않는다. 특히 상하 조도가 중심에 있는 진도군 조도면은 '새 떼 섬'이라는 이름까지 얻었을 정도다. 조도군도鳥島群島를 아우르는 조도면은 이 나라에서 면 단위로는 가장 많은 섬이 모여 있는 섬 왕국이다. 섬으로만 이루어진 자치단체인 옹진군이나 강화군, 남해군, 보령시보다도 섬이 많다. 조도면에는 무려 179개의 섬이 있다. 이 중 유인도는 37개, 무인도는 142개다.

조선왕조 시대 조도는 동아시아의 교두보를 찾던 영국 함대가 지정학적 가치를 먼저 발견했다. 거문도 점령 이전 영국은 조도를 동양 진출의 발판으로 삼으려 했다. 그래서 1816년, 청나라 산성동 위해威海를 순방하고 돌아가던 영국 함대 3척은 조도에 들어가 조사 활동을 벌였다. 그 기록이 리라호 선장 바실 헐이 쓴 「한국 서해안과 유구도 탐색 항해 전말서」라는 보고서다. 바실 헐은 진도 조도 해역이 "동양에서 항구 건설에 가장 좋은 후보지"라 주장했다. 바실 헐은 "산마루에서 주위를 바라보니 섬들의 모습에 가슴이 벅차올랐다. 섬들을 세어보려 애를 썼으나, 여간 어려운 일이 아니었다. 120개는 되는 듯했다. 경치는 황홀감을 주기에 충분했다"라고 기록했다.

조선왕조가 섬들을 버려두고 있을 때 제국주의 열강은 조선 섬들의 가치에 주목했다. 하지만 그때나 지금이나 조도군도의 작은 섬들은

양식장은 섬사람들의 생활 터전인 바다 밭이다.

국가의 관심 밖에 있다. 여전히 하루 1~2번씩만 여객선이 다닐 정도로 교통이 심하게 불편하다. 조도면 대마도 역시 여객선은 하루 2번만 다닐 뿐, 뭍으로 가는 길은 조선시대만큼이나 멀다. 하지만 섬은 해조류 양식이 잘되는 바다를 끼고 있어 소득이 넉넉한 편이다. 주민 대부분이 해조류 양식장과 공동어장인 갱번에서 미역, 톳, 모자반, 가사리 등을 채취해 높은 소득을 올리고 있다. 특히 모자반 양식이 잘되어 주민들은 "트럭에 모자반 한 짐 싣고 가면 돈 한 짐 싣고 온다"라고 이야기할 정도다.

대마도 바다는 해삼도 아주 잘 자란다. 그래서 중국 장자도의 '그룹'이라는 회사에서 대마도 인근 바다에 해삼 치어를 뿌려 시험 양식을 하고 있다. 아직 어촌계와 정식 계약은 하지 않은 상태인데 이후 성장 상황을 지켜본 뒤 계약 여부를 결정할 예정이다. 여러 해 전에도 중국 회사에서 마미동 해안에 해삼을 뿌려 시험 양식을 했지만, 그 후 소식이 없었다. 그 덕에 대마도 어민들은 마미동 바다에 그물을 끌어서 엄청나게 많은 해삼을 얻었다. 대마도는 해삼 양식으로도 큰 수입을 올릴 수 있는 섬이다.

산신님 할머니가 보살피던 섬

2.457제곱킬로미터(74만 3,242평)의 면적에 100여 명이 살아가는

섬. 대마도는 섬의 모양이 큰 말처럼 생겼다 해서 '대마大馬' 또는 '대마리'라 했다고 전해진다. 하지만 〈1872년 지방지도〉, 〈진도부 금갑진지도〉 등에는 대마도의 가운데 글자가 '마馬'가 아닌 'ㅜ'로 기록되어 있어 당시 대마도의 정확한 명칭을 확인할 수 없다. 1847년 『비변사등록』에는 '大馬島'가 아닌 '大亇島'로 표기되어 있으며, 18세기 말에 제작된 것으로 추정되는 〈영남호남 연해 형편도〉, 〈호남 연해 형편도〉에는 '대천도大千島'로 기록되어 있다. 다양한 명칭으로 불려 정확한 이름의 유래를 알기 어렵다. 대마리 마을 뒷산은 말을 기르는 '마장馬場'이라 불렸으며, 산 옆 능선을 '마장제'라 불렀다는 것으로 미루어 조선시대의 많은 섬이 그랬던 것처럼 대마도 또한 국영 목장이었을 것으로 추정된다.

대마도에서는 매년 음력 정월 초사흗날 당제를 지냈다. 당제는 동쪽 산허리에 있는 윗당인 소나무 당산목과 마을에 있는 아랫당에서 모셨고 해안가에서는 용왕제를 모셨다. 윗당에서는 특별히 정성을 드렸다. 당제를 지낼 때는 제관이 정월 초하루에 제당에 올라가 3일에 내려왔다. 제관은 제물로 잡을 소를 데리고 갔는데 소가 당 앞에 똥을 싸기라도 하면 부정을 탔다 해서 제관을 다시 뽑을 정도로 엄했다. 제관은 소변을 보면 손을 씻어야 하고 대변을 보면 목욕을 해야 했으니 추운 겨울에 고생하는 것이 싫어서 당제를 지내기 1주일 전부터는 단식을 하기도 했다. 당제 때는 마을 주민들이 농악기를 들고 당굿도

했으나 1970년대 들어서면서 중단되었다.

　대마도 짝지골에는 섬마을 공동체의 신화적 삶의 단편을 보여주는 이야기가 전해진다. 해방 후 짝지골에는 '산신님'이라 불리던 할머니와 남편인 할아버지가 살았다. 산신님 할머니는 대신 손으로 빌어주고, 기도해주는 비손하는 분이었다. 비손하는 이는 일종의 사제와 같다. 김씨 집안 할머니였는데 늘 하얀 명주(비단) 옷을 곱게 차려입고 고고한 모습으로 있었다. 밭일이나 땔감 마련 등 살림은 모두 할아버지 몫이었다. 누군가 아프거나 또 소원하는 일이 있으면 마을 주민들은 산신님께 공손히 부탁드렸고, 그러면 산신님은 사철나무에 띠를 매어 두고 호롱불을 켜놓고 손으로 빌며 기도했다. 산모가 아이를 낳을 때도 기도해주었는데 산신님이 곁에서 바라만 보아도 산모는 편안함을 느꼈다. 아이도 더 쉽게 낳았다.

　대마도에는 시아시 해변과 마미동 해변에 아름다운 백사장이 있는데 해수욕은 물론 한적하게 거닐기에도 더없이 좋다. 대마도의 서북쪽에는 깎아지른 듯이 날카로운 '빠진골'이라는 절벽이 있는데 여기에 깃든 이야기도 애절하다. 옛날 대마도에 '장오 딸'이라는 여인이 살았다. 어느 날 사랑하는 남자가 바다에 나가 돌아오지 않자 여인은 남자를 그리다가 절벽에서 뛰어내려 죽었다. 그래서 이곳을 '장오 딸 빠진 골'이라 한다. 대마도 동쪽에는 썰물 때만 드러나는 암초인 '오복여'가 있다. 여기 얽힌 사연도 신비롭다. 100여 년 전에는 오복여가 없었다고 한다. 당시에는 지금의 학교 터에 마을이 자리하고 있었는데, 어느 날 갑자기 마을 앞에 오복여가 나타나자 사람들이 깜짝 놀라 마을을 지금의 자리로 옮겼다고 전해진다. 떠내려온 섬 이야기는 서남해 섬들에 간간이 나타나는 서사 중 하나이나, 대마도에도 전해진다는 사실이 흥미롭다.

북파공작원 훈련소가 있던 섬

인천 실미도

호랑이가 살던 섬

갯벌의 한쪽에서 첨단의 항공기가 뜰 때 갯벌의 또 한쪽에서는 어부들이 시원의 펄 밭을 일군다. 인천공항이 들어선 곳은 영종도와 용유도 사이 갯벌이다. 그래서 공항 주변의 섬들은 아직 가지 않은 과거와 미처 도달하지 못한 미래, 그 어느 조간대(潮間帶)쯤에 위치한다. 첨단과 시원의 바다 사이로 가뭇없는 시간의 물살이 흐른다. 저 물살이 우리를 어디로 실어다 줄 것인지 짐작조차 할 수 없다.

갯벌에서는 주민들이 허리를 굽혀 호미질한다. 그때마다 씨알 굵은 바지락들이 알몸을 드러낸다. 그야말로 '펄 밭의 농사'다. 무의도는 2019년 무의대교 개통으로 인천공항이 있는 영종도, 용유도와 연결되면서 육지로 편입되었다. 무의도가 알려진 것은 영화 〈실미도〉(2003)와 드라마 〈천국의 계단〉(2003~2004) 등을 통해서다. 영화와 드라마의 흥행 이후 섬에는 개발의 바람이 거세게 불어닥쳤다. 제일 먼저 펜션이 들어섰고 뒤이어 조립식 주택이 우후죽순처럼 생겨났다. 섬에는 비슷한 형태의 조립식 주택이 무질서하게 늘어서 있다. 조악한 형태의 조립식 가옥은 다가가서 들여다보면 안이 텅 비어 있다. 무의도가 관광단지로 개발되었을 때 보상을 노리고 외지의 투기꾼들이 지어놓은 가짜 집들이다.

 면적 9.432제곱킬로미터(285만 3,180평), 해안선 길이 31.6킬로미터의 무의도는 '대무의도'라고도 하는데 섬사람들은 '큰무리섬'이라 불러왔다. 무의도라는 이름의 유래는 "말을 탄 장군이 옷깃을 휘날리며 달리는 모습 같기도 하고, 선녀가 춤추는 것 같기도 해서 무의도舞衣島라 했다"고 되어 있지만 이는 견강부회牽強附會다. 무의도 주변에는 소무의도, 실미도, 해리도, 상엽도 등 크고 작은 섬이 무리 지어 몰려 있다. 본디 무리 지어 있는 섬 중 가장 큰 섬이라 해서 '큰무리섬' 혹은 '무리섬'이라 했을 가능성이 크다. 실제로 『세종실록지리지』나 『신증동국여지승람』, 〈대동여지도〉 등에는 모두 '무의도無依島'로 표기되어 있고 『1872년 지방지도』에만 '무의도舞衣島'가 등장한다. 무리섬을 한자로 표기하는 과정에서 '無依島'나 '舞衣島'가 되었을 가능성이 크다. 서남해의 많은 섬처럼 무의도 또한 여말선초麗末鮮初의 공도 정책으로 오랫동안 비어 있었다. 내내 군사용 말을 기르는 국영 목장으로 이용되다가 조선시대 후기에 와서야 다시 주민들의 입도가 허락되었다.

섬의 북쪽에는 당산이 있고 중앙에는 국사봉이, 남쪽에는 호룡곡산(높이 245미터)이 있다. 국사봉에서는 국태민안國泰民安을 기원하는 제사를 모셨다. 또 정상에서는 절터와 금동불상, 토우 등이 발견되기도 했다. 인천 지역의 섬에는 무의도만이 아니라 '국사봉'이라는 이름의 산이 많다. 덕적도, 영흥도, 자월도 등에도 국사봉이 있는데 이들 모두 국가에서 하늘에 제사를 모셨다는 이야기가 전해진다. 섬들이 개경, 한양 등 왕도로 들어가는 길목으로 왕도 방어의 군사요충지이기 때문이었던 듯 싶다. 호룡곡산에는 호랑이와 용이 싸웠다는 전설이 깃들어 있다. 섬에는 하나개 해수욕장, 실미도 해수욕장 등 2개의 아름다운 모래 해변이 있는데 모두 유원지로 이용되고 있다. 실미도 해수욕장은 앞바다에 실미도가 있어서 붙여진 이름이고 하나개는 '큰 갯벌'이라는 뜻이다.

실제를 허구로 만든 영화

썰물 때면 영화 〈실미도〉의 배경이던 실미도와 무의도는 하나의 섬으로 연결된다. 지금 실미도는 무인도다. 영화 이전에 북파공작원을 훈련시켰던 비극의 섬 실미도와 '실미도 사건'이 있었지만 사람들은

아직 끝나지 않은 영화, 징검다리를 건너야 도달할 수 있는 미완의 섬 실미도

더 이상 이를 현실로 인식하지 못한다.

실미도 안내판에도 실제가 없다. 실미도는 영화 〈실미도〉의 촬영지로만 소개되고 있다. 실미도는 허구일까, 실제일까. 제작자는 영화를 통해 역사의 진실을 드러내려 한다고 했지만 오히려 영화로 인해 역사의 진실은 허구처럼 되어버린 것은 아닐까. 이제 고통의 땅은 연인들의 데이트 코스가 되었다. 연인들은 더 이상 실미도의 아픔을 인식하지 못한다. 아픔마저도 상품으로 만드는 자본의 힘.

오랜 시간 풍문으로만 떠돌던 실미도 사건. 사건의 실체는 백동호의 소설 『실미도』(밝은세상. 1999)와 강우석 감독의 영화 〈실미도〉를 통해 세상에 드러났다. 그 이전까지 사건은 하나의 낭설에 불과했다. 1971년 8월 23일, 인천 실미도에 있던 684부대 북파공작원 24명은 기간병 18명을 살해한 뒤 무기를 들고 탈영했다. 북파공작원들은 8월 23일 낮 12시 20분 인천 독배부리 해안에 상륙한 뒤, 버스를 탈취해 청와대로 향했다. 인천에서 육군과 첫 교전을 벌인 공작원들은 버스가 고장나자 두 번째 버스를 탈취해 오후 2시 15분경 영등포구 대방동 유한양행 앞까지 진격했다. 진압군과 교전을 벌이던 북파공작원들은 수류탄을 터뜨려 자폭했다. 20명이 죽고 4명이 잔존했다. 하지만 생존자 4명에게도 이듬해인 1972년 3월 서둘러 사형이 집행되었다. 이런 참혹한 사건이 벌어졌으나 박정희 정권의 통제로 언론에는 1줄도 보도되지 못하고 역사에 묻혔다. 정부는 '실미도 난동 사건'으로만 규정하고 30년간이나 철저한 비밀에 부쳤는데 소설과 영화를 통해 세상에 사건의 전모가 드러난 것이다. 하지만 아직도 사건의 실체는 상당 부분 은폐되어 있다.

북파 부대인 684부대가 탄생한 배경은 1968년 벽두에 있었던 이른바 1·21 사태다. 북한의 특수부대인 124군 부대원 31명이 대통령 박정희를 살해하기 위해 남파되었고 이들은 감시망을 뚫고 청와대 인근인 세검정까지 침투에 성공했다. 하지만 124군 부대원들은 국군에게 제압당해 김신조를 제외한 전원이 총살당했다. 이 1·21 사태에 대한 보복을 목적으로 탄생한 것이 684부대였다. 그래서 부대는 북한의 124군 부대원과 같이 31명으로 구성되었으며 평양에 침투해 주석궁의 김일성을 암살하는 것이 목적이었다. 684부대는 형식적으로는 공군 소속이었지만 실제로는 중앙정보부에 의해 창설되고 유지되었다. 1968년 4월에 창설되었기에 684부대였다. 일반인, 전과자, 죄수 등 다양한 신분에서 착출된 북파공작원은 실미도에 마련된 훈련장에서 3개월 만에 인간 병기로 거듭났다. 기간병을 일대일로 붙였고 훈련은 실전처럼 이루어졌으며 훈련 과정에서 7명이 죽음을 당했다. 하지만 거기까지였다. 북한 침투 훈련을 마치고서도 부대원들은 침투 명령을 받지 못하고 실미도에서 3년 4개월을 대기 상태로 있어야 했다. 동서 냉전의 벽이 허물어지던 국제 정세의 변화 때문이었다.

소위 '핑퐁외교'로 불리는 1971년 4월 미국 탁구선수단의 중국

방문과 뒤이은 키신저와 닉슨 미국 대통령의 중국 방문으로 세계는 화해 분위기가 무르익었다. 그런 와중에 북파공작원, 특히 김일성 암살을 위해 만들어진 684부대는 박정희 정권에게 부담스러운 존재였다. 그래서 정부는 이들 전원을 제거하라는 명령을 내렸다. 1980년대까지도 북파 부대가 존재했던 사실을 고려한다면 이들에 대한 제거 명령은 언뜻 이해되지 않는다. 다른 북파 부대에 합류시킬 수도 있었을 텐데 어째서 그러지 않았던 것일까. 아무튼 제거 명령을 받은 기간병들은 오히려 인간 병기가 된 북파공작원들에 의해 살해되었다. 소위 '실미도 사건'이 발생한 것이다. 당시 기간병 중에서는 6명만 생존했다. 이들의 증언이 소설 『실미도』와 영화 〈실미도〉의 바탕이 되었다.

국가 폭력 범죄는 시효가 없다

영화의 흥행으로 역사 속에 영영 묻힐 뻔했던 실미도 사건은 수면으로 올라왔고 진상 규명에 한 발짝 다가가는 듯했다. 2004년 여당인 열린우리당에서는 '실미도사건진상조사위원회'를 발족시켰고, 국방부 '과거사진상조사위원회'에서도 실미도 사건을 파고들었다. 2005년 11월에는 벽제시립묘지에서 부대원들의 유골 일부를 발굴했다. 하지만 더 이상의 진전은 없었다. 실미도 사건은 정권의 필요를 위해서는 국민들의 생명마저도 '파리 목숨' 취급했던 박정희 군사정권의 실체를 보여준 추악한 사건이었다. 사람들은 흔히 실미도 사건의 북파공작원 대부분을 사형수로 기억한다. 어차피 죽을 목숨이었으니 억울할 게 무어 있냐고 생각하기도 한다.

하지만 사형수일지라도 법에 의하지 않고서는 국가가 함부로 그들의 생사를 좌우할 권리가 없다. 하물며 684부대원 대부분이 사형수와는 무관한 죄 없는 민간인이라면 어쩔 것인가. 결국 이 부대원들 대다수가 민간인이었다는 물증의 일부가 드러나기도 했다. 2004년 초, 1968년 3월 충북 옥천의 한 마을에서 실종된 7명의 청년 모두가 684부대원이었다는 사실이 국방부에 의해 확인된 것이다. 684부대원 제거 명령은 박정희 독재정권의 국가 범죄임이 확인된 것이다. 국가에 의해 자행된 범죄일지라도 용서받아서는 안 된다.

국회는 2024년 12월 31일 「반인권적국가범죄의시효등에관한특례법」을 재석 289명 중 찬성 179명, 반대 105명, 기권 5명으로 통과시켰다. 이로써 국가 폭력 범죄는 공소시효가 폐지되었고 국가 폭력 범죄 피해자의 손해배상 청구권에 대해서도 소멸시효가 적용되지 않게 되었다. 한국전쟁 전후 군경에 의한 민간인 학살사건과 마찬가지로 국가 폭력 범죄인 실미도 사건에 대해서도 빠른 진상 규명이 이루어져야 한다.

나폴레옹 군대와 맞서 승리한 섬

강화도

나들길을 따라가는 불멸의 역사

강화도는 '불멸의 섬'이다. 세계 최강 몽골제국의 군대와 나폴레옹 3세의 프랑스제국, 미국의 침략에도 끝끝내 무너지지 않고 살아남은 섬이다. 하지만 강화 사람들은 외세의 침략으로 인한 고통을 온몸으로 받아 안아야 했다. 고려시대에는 몽골의 침략으로 고려 왕성이 옮겨 오면서 왕궁과 성벽 건설 등의 노역에 시달렸고 조선시대 말에는 프랑스, 미국 등 서구 열강의 침략 전쟁으로 전란의 피해를 고스란히 감당해야 했다.

강화군에는 총 20개 코스, 310.5킬로미터에 이르는 '나들길'이 있다. 강화 본섬에 16개, 교동도, 석모도, 볼음도, 주문도 등의 관할 섬

외세의 거듭된 침략에도 끝끝내 지켜낸 역사의 길

에 4개가 있다. 모든 코스가 아름답고 의미 있지만 강화 본섬의 코스 중에서 한 코스만 꼽으라 하면 단연 2코스 호국돈대길이다. 갑곶돈대에서 초지진에 이르는 17킬로미터의 트레일은 내내 바다를 보며 걸을 수 있는 보석 같은 길이다. 길은 오르막이 거의 없는 평지다. 시멘트 포장길이 많다는 점이 아쉽지만 가는 내내 바다와 갯벌, 들판, 농수로, 갈대밭, 숲길 등 시시각각 변화하는 풍경이 고단하거나 지루할 틈을 주지 않는다. 게다가 트레일 중간중간에 서 있는 보와 진, 돈대 들은 강화도의 아픈 역사를 몸으로 체득할 수 있게 한다. 이 길은 '힐링 로드'인 동시에 '역사 공부 길'이기도 하다.

갑곶돈대, 순교와 양민학살 그 슬픔의 무대

돈대(墩臺)는 소규모 관측 방어시설이다. 2코스 시작점인 갑곶돈대는 숙종 5년(1679) 5월에 완성된 48돈대 가운데 하나다. 강화도에는 53개의 돈대가 있는데 48돈대는 황해도·강원도·함경도의 승군 8,900명과 어영청 소속 어영군 4,262명이 80일 동안 쌓아서 완성했다. 돈대 축조를 기획하고 감독한 이는 병조판서 김석주였고 실무 총괄은 강화유수 윤이제였다. 갑곶돈대는 망해돈대, 제승돈대, 염주돈대와 함께 제물진의 관할하에 있었다. 갑곶은 외부에서 강화도로 들어오는 관문이라 중요한 돈대였다. 본래의 갑곶돈대는 옛 강화대교 입구의 북쪽 언덕에 있었다. 지금 사적史蹟으로 지정된 갑곶돈대는 제물진과 강화도 외성의 일부다. 갑곶돈대 부근은 1232년 고려가 강화도로 천도한 이후 1270년까지 몽골과의 항전 중 강화해협을 지키던 중요한 요새였고 조선시대에는 병인양요丙寅洋擾와 신미양요辛未洋擾의 격전지였다.

갑곶돈대 지역은 조선시대 천주교인들이 학살당한 순교성지이기도 하다. 신미양요 당시 천주교인 우윤집, 최순복, 박상손 세 사람이 미국 군함에 다녀왔다는 죄로 갑곶돈대에서 효수되었다. 이를 기리기 위해 천주교단에서는 2000년에 성당과 순교자 삼위비 등 각종 조형물을 세워 순교성지를 만들었다. 그런데 갑곶은 월곶, 철산포구 등과 함께 한국전쟁 당시 대규모 양민학살이 자행된 곳이기도 하다. 대한민국 군경은 강화특공대에 무기를 지원하면서 준군사 조직으로 인정했는데 이 강화특공대에 의해 430명 이상의 강화도 사람이 학살당했다.

이유는 인민군 지배 시 부역 혐의였다. 하지만 진실화해위원회에서 신원을 확인한 139명 중에는 부역 혐의자 가족이라는 이유만으로 학살당한 이가 83명이나 된다. 이중 여성이 42명, 10대 미만이 14명이었다. 1살짜리 아기도 있었고 70세 넘은 할머니도 있었다. 무고한 희생자들이었다. 그런데 이들을 기리는 것은 화려한 천주교 순교성지 한 구석, 눈에 잘 띄지도 않는 후미진 곳에 세워진 안내판 하나가 전부다. 정부나 지자체도 아니고 강화양민학살희생자유족회가 세운 초라한 안내판을 보고 있자니 가슴이 미어진다. 종교보다 못한 국가. 이래서 사람들이 국가보다 종교에 더 기대는 것일까. 그저 묵념이나 하고 돌아서야 하는 발걸음이 천근만근 무겁다.

나폴레옹 3세의 침략을 막아내다

　1866년 병인박해丙寅迫害 때 프랑스인 신부가 처형된 것에 대한 보복으로 프랑스가 조선의 강화도를 공격한 사건이 병인양요다. 조선은 1866년 2월 천주교를 불법으로 규정하고 신도와 신부 등 관련자를 체포하였다. 1871년까지 네 차례에 걸쳐 프랑스 선교사 9명을 비롯해 남종삼, 정의배 등 한국인 천주교도 8천여 명을 처형시켰다. 이 사건이 병인박해다. 프랑스는 프랑스인 신부 처형을 군사 문제로 규정했고 나폴레옹 3세의 칙령으로 조선 침략을 감행했다. 명분은 프랑스 신부 학살책임자 처벌과 통상수호조약 체결이었다.

　1866년 10월 11일 중국 톈진에 주둔 중이던 프랑스 함대 사령관 피에르 로즈는 군함 7척에 병사 1,520명을 이끌고 즈푸에서 출항하여 조선으로 출병했다. 강화도의 갑곶진에서 상륙작전을 감행해 10월 15~16일 조선군과 프랑스군이 강화성 동문과 남문 등지에서 충돌해 프랑스군에게 강화성이 함락되고 말았다. 프랑스군은 강화성 일대를 수색해 20만 프랑에 달하는 은괴 19상자, 서적, 무기 등과 외규장각外奎章閣의 각종 서적과 귀중품 들을 약탈했다. 이후 프랑스군은 김포의 문

텃새가 되어 강화 바다에 정착한 가마우지의 안식처

수산성도 점령했으나 11월 9일 강화도 정족산성에서 패배한 뒤 11월 10일 강화성을 불태우고 갑곶진으로 물러나 21일에는 조선에서 완전히 철수했다. 프랑스군 퇴각 후 조선은 군비 증강에 주력하며 더욱 적극적인 통상수교 거부를 천명했으며 천주교 신자들에 대한 박해도 강화되었다. 이렇듯 병인양요는 조선이 서구 열강을 처음으로 물리친 사건이었지만 이로 인한 자신감은 조선의 앞날에 먹구름을 드리웠고 끝내 멸망으로 이끌었다.

고종 8년(1871) 미국 군함이 강화도를 공격한 사건이 신미양요다. 1866년, 대동강에 출현한 미국의 무역선 제너럴셔먼호 선원들이 통상을 요구하며 조선의 관리를 납치하고 민간인을 죽이는 등 만행을 저질렀다. 이에 분노한 평양 주민들이 제너럴셔먼호를 대동강에서 불태웠다. 제너럴셔먼호 사건 후 미국 정부는 이를 징벌하는 동시에 강제로 통상조약을 맺기 위해 북경 주재 미국 공사 로에게 미국의 아시아 함대를 출동하게 했다. 로 공사는 아시아함대 사령관 로저스와 함께 기함 콜로라도호 등 5척의 군함에 군인 1,230명을 태우고 1871년 4월 3일 경기도 남양 앞바다에 도착해 조선 정부에 통상을 요구했으나 바로 거절당했다.

그럼에도 미국의 소함정 4척은 강화해협을 측량하기 위해 손돌목을 지나 광성진 앞으로 들어섰다. 이에 강화 수군들이 맹렬한 포격을 퍼붓자 서로 간에 치열한 포격전이 벌어졌다. 이후 미군은 초지진에 상륙하여 포대를 점령한 다음, 광성진을 공격했다. 이 전투로 조선 군은 중군中軍 어재연 등 53명이 전사했고 미군 측도 매키 해군 중위 이하 3명이 전사하고 10여 명이 부상당했다. 다음 날에는 첨사僉使 이염이 초지진을 야습하여 미군 함정을 물리치자 미군은 7월 3일, 침략 40여 일 만에 퇴각했다. 신미양요 후 대원군은 척양척화斥洋斥和에 더 큰 자신감을 갖고 온 나라 안에 척화비를 세우는 등 쇄국 정책을 강화했다. 이는 조선의 몰락을 재촉하는 계기가 되었다.

 강화도에는 5개의 진鎭과 7개의 보堡 등 모두 12개의 진보가 있었다. 진은 한 지역을 지키는 군대의 진영이고 보는 그보다 작은 진영이다. 강화 5진은 월곶진, 제물진, 용진진, 덕진진, 초지진이고 7보는 인화보, 승천보, 철곶보, 정포보, 장곶보, 선두보, 광성보다. 진과 보는 규모에 따라 첨사(종3품), 만호(종4품), 별장(종9품)이 지휘했다. 5보 중 월곶진만 첨사가 지휘했고 나머지 4개의 진은 만호가 지휘했다. 7보 중에서 규모가 가장 큰 인화보는 만호가, 나머지 6개의 보는 별장이 지휘했다. 이들 12개의 진보는 각각 3~5개씩의 돈대를 관할했다. 병사들은 돈대 안에서 경계근무를 서며 외적의 척후 활동을 비롯한 수상한 정황을 살피고 대처했다. 적이 침략할 때는 돈대 안에 비치된 무기로 방어전을 펼쳤다. 강화도에는 총 53개의 돈대가 있었다.

 김포시와 강화군 사이 바다가 강화해협이다. 강화도 남쪽 초지리에서 북쪽 월곶리까지 길이는 20킬로미터. 강화와 김포 두 지역 사이 바다는 폭이 좁아 여울의 형태를 이룬다. 폭이 200~1천 미터에 불과할 정도로 좁고 조석 간만의 차도 9미터나 된다. 폭이 좁고 조석 간만의 차가 심하니 물살이 험하다. 밀물 때 조류 속도가 시간당 11~13킬로미터에 이른다. 유속이 빠르니 사고가 많을 수밖에 없었다.

뱃사공 손돌의 한이 서린 손돌목

강화해협은 '염하鹽河'라고도 하는데 병인양요 때 강화도를 침략했던 프랑스 군인들이 '소금강'이라 부른 것을 일본이 한자로 번역해 쓰면서 붙여진 이름이다. 강화해협은 임진강과 합류하는 한강 하구 구간인 조강과 이어졌다. 강화해협 중에서도 김포 덕포진과 강화 광성보 사이 바다는 특히 폭이 좁고 조류가 빠르기로 유명하다. 이 바다가 손돌목이다. 나들길 2코스 중간 광성보에 있는 돈대의 이름이 손돌목돈대인 것은 그 때문이다.

손돌목에는 뱃사공 손돌孫乭의 가슴 아픈 전설이 깃들어 있다. 고려시대 몽골군의 침략을 피해 강화도로 도망치던 왕이 이곳에서 바다를 건널 때 뱃사공이 손돌이었다. 손돌은 아직 바람이 자지 않으니 쉬었다 건너자고 했지만 왕의 명령을 거역할 수 없어 어쩔 수 없이 건너게 되었다. 그런데 왕이 보니 노를 젓던 손돌이 급류 쪽으로 배를 몰았다. 자신을 해치려는 것으로 생각한 왕은 위협을 느끼자 손돌을 죽이려 했다. 손돌은 죽기 전 왕에게 말했다. "내가 죽으면 바다에 바가지를 띄우십시오, 그 바가지가 가는 대로 배를 몰면 안전할 것입니다."

결국 손돌은 죽음을 당했고 급한 조류에 전진하지 못하고 난파의 위협을 느낀 왕은 손돌의 말이 생각나 바다에 바가지를 띄우고 바가지가 가는 대로 노를 젓게 했다. 결국 나룻배는 무사히 바다를 건넜다. 강화도에 도착한 왕은 자신이 실수했음을 깨닫고 손돌의 무덤을 만들어주고 제사를 성대히 지내주었다. 손돌의 제삿날이 음력 10월 20일경인데 이때는 북서풍이 강하게 불고 본격적인 겨울 추위가 시작된다. 손돌의 죽음 이후 김포 망덕진과 강화 광성보 용두돈대 사이 바다를 '손돌목'이라 이름했으며 이때 부는 바람은 '손돌풍'이라고 부르게 되었다. 손돌의 전설이 더욱 슬픈 것은 몽골과의 전쟁 중이었지만 고려 백성인 손돌이 몽골군이 아니라 자신의 나라 고려의 왕에게 죽음을 당했다는 사실이다. 손돌의 전설은 당시 백성들에게는 몽골군이나 고려 지배층이나 똑같은 폭압자였을 뿐임을 은유적으로 보여준다.

『대동지지』에는 "손돌목은 돌다리가 굳세게 뻗어 있어서 물밑이 마치 문지방과 같다. 중앙이 약간 오목하여 조수가 들고 날 때 수세가 매우 급하다. 또한 물 밑 돌부리가 마치 깊은 낭떠러지 같으며 파도가 굽이치며 흐르는데 여울과 같이 빠르게 흐르기 때문"이라 기록하고 있다.

광성보에는 신미 순의총이 있다. 신미양요 때 광성보 일대에서 미군과 전투 중 전사한 용사들을 모신 묘소다. 당시 중군 어재연 장군과 아우 재순을 비롯한 군관, 사졸 53명이 전사했다. 이중 어재연 형제는 고향인 충북 음성군에 안장하고, 남은 군졸 51명은 신원을 분별할 수 없어 7기의 분묘에 합장하여 그 순절을 기리고 있다. 강화도 나들길은 시작부터 끝까지 내내 슬픔의 길이다, 슬픔을 이겨내는 길이다.

대한민국 백섬백길 지도

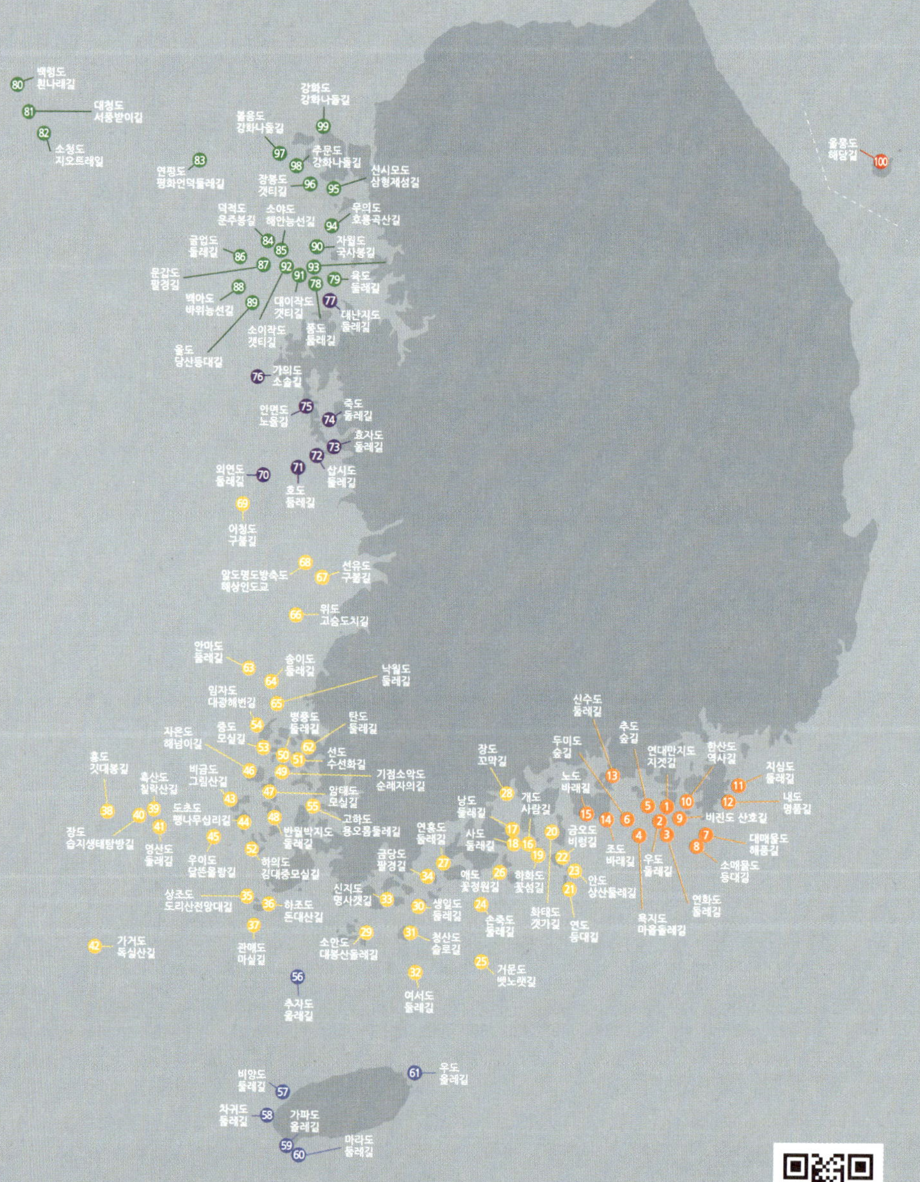

사단법인 섬연구소에서 만든 대한민국 섬 둘레길 홈페이지 '백섬백길' http://100seom.com